Didaskalia

Fábio Sousa

Didaskalia

Uma viagem ao centro da Bíblia

Vida

Editora Vida
Rua Conde de Sarzedas, 246 – Liberdade
CEP 01512-070 – São Paulo, SP
Tel.: 0 xx 11 2618 7000
atendimento@editoravida.com.br
www.editoravida.com.br

Todos os grifos são do autor.

Editor responsável: Gisele Romão da Cruz
Editor-assistente: Marcelo Martins
Preparação: Sônia Freire Lula Almeida
Revisão de provas: Josemar de Souza Pinto
Projeto gráfico e diagramação: Claudia Fatel Lino
Capa: Arte Peniel

Todas as citações bíblicas e de terceiros foram adaptadas segundo o Acordo Ortográfico da Língua Portuguesa, assinado em 1990, em vigor desde janeiro de 2009.

1. edição: abr. 2019

Dados Internacionais de Catalogação na Publicação (CIP)
(Câmara Brasileira do Livro, SP, Brasil)

Sousa, Fábio
Didaskalia : uma viagem ao centro da Bíblia / Fábio Sousa. -- São Paulo : Editora Vida, 2019.

ISBN 978-85-383-0389-3

1. Bíblia - Estudo e ensino 2. Crescimento espiritual 3. Cristianismo 4. Espiritualidade 5. Vida cristã I. Título.

19-23964 CDD-248.4

Índices para catálogo sistemático:
1. Espiritualidade : Cristianismo : Guia de estudos 248.4
Iolanda Rodrigues Biode - Bibliotecária - CRB-8/10014

Dedico aos meus filhos, Estêvão e Amanda,
os meus principais discípulos.

Sumário

Apresentação

O BISPO FÁBIO SOUSA É um grande amigo, um defensor dos princípios cristãos e da família cristã tradicional, um homem de Deus a serviço de Deus e de seu povo. Sempre que passo por sua igreja, encontro os céus abertos durante as ministrações, e isso para mim é evidência de uma igreja bem alimentada pela pregação que flui do púlpito.

Você será muitíssimo abençoado ao ler este livro porque os tópicos aqui abordados são fruto de palavras que foram geradas para alimentar seus pastores e discípulos na caminhada. Trata-se de vida real, não de abstração.

Você será edificado, pois a Palavra de Deus não possui prazo de validade. Faça uma boa leitura e deixe o Espírito Santo falar ao seu coração por meio das palavras do bispo Fábio Sousa.

— PR. ANTÔNIO CIRILO,

pastor, escritor, cantor, compositor, arranjador e missionário,
fundador e líder do ministério de louvor Santa Geração,
na Igreja Batista de Contagem, MG.

Prefácio

UM CÉTICO FAMOSO MUITO ENFERMO começou a gritar no leito hospitalar: "Alguém me traga uma Bíblia! Uma Bíblia, por favor!". O capelão do hospital atendeu ao pedido e perguntou: "Mas o senhor foi tão cético a vida toda, por que quer uma Bíblia agora?". O moribundo respondeu: "Preciso procurar algum buraco para me esconder!". O capelão reagiu: "Sinto dizer, meu amigo, mas neste livro não existe um buraco, e sim um Caminho!". Na vida existem muitas ruas, mas apenas dois caminhos: um caminho largo que leva à perdição e um caminho estreito que conduz à vida.

A obra *Didaskalia: uma viagem ao centro da Bíblia*, do caro amigo bispo Fábio Sousa, nos leva a aprender lições valiosíssimas para os desafios diários que enfrentamos, com base em textos bíblicos. A Bíblia não é mera teoria, mas poder para uma nova vida. Nas páginas a seguir, o leitor compreenderá que a vida eterna não significa a adição de dias à nossa vida, mas adição de vida aos nossos dias! Como já disse o salmista, aqueles que meditam de dia e de noite na Palavra de Deus serão como árvores plantadas à beira de águas correntes, com folhas que não murcham e dão frutos na estação certa!

Infelizmente, hoje as pessoas estão morrendo afogadas no dilúvio de informações, mas famintas do genuíno conhecimento. Ao coligir tantas orientações práticas nesta obra, Fábio Sousa mostra que o evangelho não é um tapa-buraco, ou remendo, mas o glorioso plano de salvação por meio de Jesus Cristo. A salvação pela graça mediante a fé em Cristo Jesus é o evangelho da Bíblia, é a boa notícia que transforma completamente a nossa maneira de ser, pensar, agir, reagir, caminhar. Jesus é Emanuel, Deus Conosco, Deus caminhando e nos mostrando de modo concreto como devemos ser. *Didaskalia: uma viagem ao centro da Bíblia* é uma jornada a Jesus. Ele é a fonte, o curso e a foz do texto bíblico; dele, por ele e para ele são todas as coisas! Cristo é a megalópole da Bíblia: todos os versículos conduzem a ele. O Mestre continua a convidar: "Sigam-me".

— Davi Pereira do Lago,

mestre em Teoria do Direito e bacharel em Direito pela PUC-MG, pesquisador do Instituto Pensando o Brasil e pastor batista.

Introdução

> Deus não pretende que o conhecimento seja um fim em si mesmo, mas, sim, que seja um meio para alcançar algum fim.
>
> — John Stott

A BUSCA DA SABEDORIA É algo essencial, pelo menos eu sempre acreditei nisso. Ao longo dos anos, o homem sempre buscou compreender o mundo em que vive. Quer de forma científica, quer filosófica ou teológica, civilizações como as de judeus, gregos, persas, romanos e recentemente ingleses, alemães, franceses, americanos, todas buscam o conhecimento como fonte para o aprimoramento.

Não deve ser diferente na vida de um cristão. Particularmente sempre entendi e defendi que devemos estar em constante busca de aprendizado, em todas as esferas possíveis, para comprovação da nossa fé, bem como para a consolidação de nosso entendimento.

Pensando nisso, durante quase dois anos, escrevi vários estudos teológicos, com um pouco de filosofia cristã, e uma licença poética, para um grupo de pastores que se consideram meus discípulos. Apresento aqui a compilação desses estudos, não almejando a verdade absoluta, que só em Cristo Jesus encontramos, mas um bom caminho reflexivo de muitos assuntos que norteiam o nosso cristianismo.

O termo *didaskalia* vem do grego antigo, cujo significado é "estudo, ensino, discipulado". Mais precisamente, διδασκαλια [*didaskalia*] é: "O ato de ensinar: ensino. Aquilo que é ensinado: doutrina". Esse termo aparece 21 vezes no Novo Testamento, sempre relacionado com o ensino e a doutrina. Veja alguns exemplos, nas versões Almeida Revista e Atualizada/Corrigida:

- Romanos 12.7: "De modo que, tendo diferentes dons, segundo a graça que nos é dada, se é profecia, seja ela segundo a medida da fé; se é ministério, seja em ministrar; se é **ensinar**, haja dedicação **ao ensino**" (τηδιδασκαλια).
- Romanos 15.4: "Pois tudo quanto, outrora, foi escrito para o nosso **ensino** (tnvδιδασκαλια) foi escrito, a fim de que, pela paciência e pela consolação das Escrituras, tenhamos esperança".
- 1Timóteo 4.6: "Expondo estas coisas aos irmãos, serás bom ministro de Cristo Jesus, alimentado com as palavras da fé e da boa **doutrina** (της καληςδιδασκαλιας) que tens seguido".

Contudo, é preciso fazer um alerta. Não tenho a intenção de transformar estes textos em peças teológicas de estudo, por mais que creia que possam ajudar os que querem aprender mais da hermenêutica bíblica. Não! Penso como Moody, que falava que "as Escrituras não foram dadas para aumentar o nosso conhecimento, mas para mudar nossa vida". Espero sinceramente que este pequeno livro de compilação de estudos possa ajudar na caminhada cristã dos leitores e mudar vidas. Sim, pois o maior propósito do Reino de Deus em nós é a mudança, para que, por meio da mudança e transformados, nos apresentemos diante dele como uma noiva preparada, adornada.

Portanto, tenho a esperança e oro para que o querido e doce Espírito Santo se encontre com você por meio destes estudos, confronte-o e console-o, impulsione a sua vida e conceda a você descanso, fortalecendo a sua fé.

Fábio Sousa

Gênesis é a introdução indispensável
para toda a Bíblia, o fundamento
de toda a verdade revelada.

— Merrill Frederick Unger

Gênesis

Engano

O Senhor Deus perguntou então à mulher: "Que foi que você fez?" Respondeu a mulher: "A serpente me enganou, e eu comi" (Gênesis 3.13).

"A SERPENTE ME ENGANOU, E eu comi", foi a resposta de Eva a Deus quando o Eterno perguntou a ela o que tinha feito ao conduzir seu marido ao erro. Ambos comeram do fruto da árvore proibida.

O engano é a maior arma do Diabo contra homens e mulheres de Deus. Não podemos nos esquecer de que estamos falando especificamente de um casal que tinha comunhão diária com Deus. Ambos andavam em sua presença, e, mesmo assim, foram enganados.

Estar na presença de Deus não nos dá imunidade contra o engano. Precisamos sempre estar atentos para que os espíritos de engano, não nos enganem.

Para isso, é imprescindível que identifiquemos os espíritos de engano que são enviados para nos atacar. Leia o texto bíblico que relata o engano de Eva. O autor de Gênesis, inicia o capítulo 3 dizendo que "a serpente era o mais astuto de todos os animais selvagens que o Senhor Deus tinha feito".

- O engano age sorrateiramente, disfarçado, não parecendo ser maligno, e sim "amigo". Geralmente, planta sua semente por meio de uma conversa amiga. Um questionamento simples também pode ser sementeira do engano: "[...] E ela perguntou à mulher: 'Foi isto mesmo que Deus disse: 'Não comam de nenhum fruto das árvores do jardim'?" (Gênesis 3.1).
- O engano geralmente inicia com questionamentos sobre princípios, ensinamentos ou a compreensão da palavra de

Deus sobre a nossa vida. "Será que...?" e "O que é que tem?" são muito usados.

Mas nem tudo é culpa do espírito de engano. Eva ouviu aquela voz. Observemos que essa voz pode ser interior, mas geralmente está na boca de uma pessoa, como estava na boca da serpente. Eva errou ao conversar, ao prestar atenção, ao atentar para o que falava enganosamente..

- Os espíritos de engano usam pessoas para conversar conosco, para questionar princípios ou ensinamentos que aprendemos. Quando conversamos ou prestamos atenção em sua conversa, estamos suscetíveis à sua influência.

Cuidado! Geralmente a boca usada pelo espírito de engano é a de alguém de sua convivência ou círculo de amizade. Então vem o golpe principal. Eva diz à serpente que não podia comer do fruto da árvore do conhecimento do bem e do mal porque morreriam, segundo o que Deus lhe havia dito.

Faltava entendimento a Eva. O problema era a desobediência. A desobediência geraria o pecado. O pecado geraria a morte. Mas a sagaz serpente responde:

> [...] "Certamente não morrerão! Deus sabe que, no dia em que dele comerem, seus olhos se abrirão, e vocês, como Deus, serão conhecedores do bem e do mal" (Gênesis 3.4,5).

Uma meia verdade. "Vocês não vão morrer... vão apenas conhecer". O que a serpente deveria ter dito era: "Vocês vão conhecer o pecado, que desliga o homem de Deus e limita a sua vida na terra". Essa era a morte apregoada. O desvinculamento de Deus por causa do pecado. A porta da morte aberta pelo pecado.

- O espírito de engano age por meio de meias verdades, de verdades incompletas...

"Esse pastor é complicado...", "... não tenho liberdade com ele...", "... ver essa foto ou essa cena não está errado...", "... fiz apenas um comentário...". A lista é grande.

Por fim, Eva vê o fruto e o deseja.

- O engano nos leva a desejar o que Deus não tem para nós.

O resto da história você conhece. As consequências, mais ainda. Cuidado, pois a serpente anda ao nosso derredor, procurando alguém para enganar.

Transferir a culpa

Mas o Senhor Deus chamou o homem, perguntando: "Onde está você?" E ele respondeu: "Ouvi teus passos no jardim e fiquei com medo, porque estava nu; por isso me escondi". E Deus perguntou: "Quem disse que você estava nu? Você comeu do fruto da árvore da qual o proibi comer?". (Gênesis 3.9-11)

SERÁ QUE DEUS NÃO SABIA o que havia ocorrido? Ou onde Adão e Eva se escondiam? Que eles haviam comido do fruto proibido? Claro que Deus sabia! Então por que perguntou "Onde está você?" e "Quem disse que você estava nu?".

Creio que Deus esperava a atitude correta de Adão depois da desobediência, depois de ter dado ouvidos ao Diabo. O Senhor esperava que Adão se *arrependesse*. Ao contrário, mesmo sendo claramente culpado, Adão transferiu a própria culpa. Se houvesse arrependimento por parte do primeiro casal, talvez as coisas fossem diferentes. O arrependimento muda determinados destinos.

Com o arrependimento genuíno, diante do Deus que é fiel e justo para perdoar, por meio da graça de Cristo Jesus, o que o pecado produziu pode ser anulado.

A maior arma do Diabo

TENHO CLARA REVELAÇÃO DE QUE a maior arma que o Diabo usa contra os cristãos verdadeiros é o engano. O raciocínio é muito simples: se ele aparecesse ao cristão com sua real forma satânica, facilmente seria reconhecido e repreendido. É por isso que sempre aparece utilizando-se de outras formas para enganar o cristão.

O exemplo clássico é Eva, uma representação da Igreja. Eva tinha cobertura humana (seu marido, Adão), tinha um relacionamento interpessoal e diário com Deus, e, mesmo assim, foi enganada. Por quê? Primeiramente porque o Diabo se revelou como um animal comunicativo, que até ali não havia dado motivos de discórdia com o homem; entretanto, incitou à desobediência.

Os instrumentos do engano utilizam formas comunicativas para nos incitar à desobediência. Em seguida, a serpente usa de uma meia verdade: "Vocês não vão morrer caso comam do fruto". A morte era espiritual, não física. Eva se sentiu confortável com a explicação do animal.

O engano utiliza de meias verdades que nos fazem sentir confortáveis em fazer o que é errado. Depois Eva desejou o fruto. Desejou a suposta liberdade de "conhecer o bem e o mal". Desejou comer o fruto que era desejável aos olhos, segundo o texto.

O engano geralmente acha guarida no nosso desejo de independência. De não "pertencermos" a alguém, de sermos livres. O ser humano quer ser livre. Todavia, há liberdade somente *na verdade, não no engano*. Só há verdadeira liberdade onde está o Espírito Santo! O engano segue o que os olhos consideram aprazíveis.

Por fim, Eva dá o fruto do engano ao marido. *O engano contagia!*

O engano do Diabo tem lugar quando ele nos engana. Por isso, quando percebemos, já está em estágio avançado. O fruto do engano será a morte espiritual, o afastamento do Éden de Deus e da caminhada diária com ele. Preste atenção! O Diabo está rodeando a Igreja como "um leão" para nos devorar; está esperando que um de nós se afaste do rebanho. Não existe vida fora do Corpo. Se formos membros do Corpo, temos que viver inseridos na igreja. Corte um dedo da mão e verá que em pouco tempo o pedaço cortado deixará de ter vida.

Nós somos membros do Corpo de Cristo; se o abandonarmos, viraremos "comida" do Diabo.

Acorde! Antes que seja tarde demais!

Alvo

COMO VOCÊ QUER SER VALORIZADO? Como quer ser reconhecido?

A valorização e o reconhecimento pessoais começam com as respostas a essas perguntas. Quando se identifica o alvo, é mais fácil buscá-lo. Andar errante, atirando para todos os lados, nunca funcionou e nunca vai funcionar.

Quando Deus aparece a Abraão e lhe diz: "Saia da sua terra, do meio dos seus parentes e da casa de seu pai, e vá para a terra que eu lhe mostrarei", ele exigiu de Abraão passos de fé por um caminho que não conhecia, abnegando-se do conforto da terra de seus pais, para um alvo específico: a terra que Deus lhe mostraria.

Essa passagem é descrita em Gênesis 12.1. Já no capítulo seguinte, Deus novamente aparece a ele e diz: "[...] 'De onde você está, olhe para o norte, para o sul, para o leste e para o oeste: toda a terra que você está vendo darei a você e à sua descendência para sempre' " (v. 14,15). Abraão não saiu sem rumo. Ele não sabia o itinerário completo, muito menos os percalços que encontraria pelo caminho, mas tinha a consciência do alvo: a terra que Deus lhe mostraria.

Abraão só se tornou Abraão depois que começou a caminhar. Antes era Abrão.

Apenas Abrão.

Abrão significa "pai". Com o acréscimo do *him* ou *hamom* (no original hebraico é *Abrahim*), se tornou Abraão, cujo sufixo significa "de muitos" ou "de multidões".

Continuou pai, mas, com a caminhada, se tornou de muitos.

Estátua de sal

"Assim como foi nos dias de Noé, também será nos dias do Filho do homem. O povo vivia comendo, bebendo, casando-se e sendo dado em casamento, até o dia em que Noé entrou na arca. Então veio o Dilúvio e os destruiu a todos. Aconteceu a mesma coisa nos dias de Ló. O povo estava comendo e bebendo, comprando e vendendo, plantando e construindo. Mas, no dia em que Ló saiu de Sodoma, choveu fogo e enxofre do céu e os destruiu a todos. Acontecerá exatamente assim no dia em que o Filho do homem for revelado." (Lucas 17.26-30)

JESUS FAZ DUAS COMPARAÇÕES SOBRE a proximidade da data de sua volta. Nos últimos dias, as pessoas viverão como aqueles que viviam na época de Noé, o que levou à destruição de quase toda a humanidade e também a de Sodoma nos dias de Ló.

Vivemos dias assim, nos quais as pessoas estão desprezando os sinais iminentes da volta de Jesus; desse modo, têm uma vida de pecado, promiscuidade, falta de amor ao próximo e desprezo pelas coisas de Deus.

Sexo descontrolado, destruição de lares, adultérios, vida de mentiras, imoralidade sexual, apostasia, corrupção... A isso aliamos terremotos, guerras, entre outros; provas incontestes de que muitos vivem como se controlassem o futuro. Não controlam! Quem controla prometeu voltar e julgar a terra e seus habitantes.

A Igreja precisa estar preparada para tamanho dia. Não só como instrumento de adoração e como comunidade que reúne homens e mulheres alcançados pelo Salvador a Cristo Jesus, mas também como pessoas que "não se conformam com este século" e vivem aqui como "forasteiros", recusando-se a contaminar-se.

A questão é que Sodoma tem alto poder de contaminação. Sodoma atrai. Sodoma domina aos poucos. O sobrinho de Abraão, Ló, ao se separar do tio, escolheu o caminho de Sodoma.

Outra passagem da Bíblia relata que Ló morava na entrada da cidade; logo depois, em outra passagem, vemos o sobrinho e sua família morando dentro de Sodoma. O problema é que Sodoma atrai, seduz e domina, algo que acontece a passos lentos.

Quando os anjos chegaram à cidade para destruí-la, foram coagidos por Ló a ficarem hospedados em sua casa. A Bíblia conta que os homens da cidade rodearam a casa de Ló, pois queriam abusar dos forasteiros.

Ló sai à porta e oferece, em lugar dos anjos, as duas filhas, virgens e adolescentes. Veja como Sodoma contamina o coração de Ló. Ele ofereceu as próprias filhas para que fossem estupradas. Quando Deus determina a destruição da cidade, ordena que Ló saia da cidade com sua família. Eles demoraram para tomar a iniciativa, de modo que os anjos literalmente os puseram para fora. Ló já estava se acostumando com o ambiente de Sodoma. Não queria sair, sentiria saudades daquele lugar. Sua mulher não queria sair, a ponto de olhar para trás e desse modo se tornar uma estátua de sal.

Vivemos na época de uma Sodoma moderna. Tudo que havia lá está em evidência hoje (com o agravante da TV e da internet). Estamos perto da volta de Jesus, quando somente os que estão preparados serão levados com ele.

Cuidado com as influências de Sodoma no seu coração. Mesmo que Deus queira livrar você — o que de fato ele quer —, se você não se comprometer com o Reino de Deus, também vai virar uma estátua de sal.

Retroceder

RELENDO A ROMÂNTICA HISTÓRIA DO primeiro encontro de Isaque e Rebeca, algo me chamou a atenção. Algo que aconteceu nos preparativos da viagem do servo de Abraão.

Abraão, já muito, muito velho, o chamou e o fez jurar que não escolheria como esposa de Isaque uma mulher cananeia. Além disso, seu servo mais antigo de sua casa iria à casa de seus parentes, na cidade de Naor, buscar uma mulher entre eles para seu filho.

O servo teve uma preocupação. Caso a mulher não quisesse vir, o que ele faria?

Deveria levar Isaque até eles? Isso provavelmente significaria que a descendência de Abraão voltaria a ficar na terra de Naor. " 'Cuidado!' , disse Abraão. 'Não deixe o meu filho voltar para lá' " (Gênesis 24.6). "Se a mulher não quiser vir, você estará livre do juramento. Mas não leve o meu filho de volta para lá." (24.8.)

Em Gênesis 12, lemos outra conversa com Abraão, que ocorreu cerca de setenta e cinco anos antes:

> Então o SENHOR disse a Abrão: "Saia da sua terra, do meio dos seus parentes e da casa de seu pai, e vá para a terra que eu lhe mostrarei. Farei de você um grande povo, e o abençoarei. Tornarei famoso o seu nome, e você será uma bênção" (Gênesis 12.1,2).

Abraão tinha a preocupação de não permitir que seu filho querido, Isaque, voltasse atrás quanto à ordenança e às promessas de Deus. "Cuidado!" "Não deixe o meu filho voltar para lá."

Não podemos em hipótese alguma retroceder no projeto do Senhor para a nossa vida! Não podemos voltar à nossa vida anterior!

O autor de Hebreus nos ensinou:

> "Mas o meu justo viverá pela fé. E, se retroceder, não me agradarei dele". Nós, porém, não somos dos que retrocedem e são destruídos, mas dos que creem e são salvos (Hebreus 10.38,39).

Quem retrocede não agrada a Deus! Perceba: Retroceder traz desgosto ao coração do Senhor. Retroceder nos leva à destruição.

Até mesmo olhar para trás é perigoso. Desejar a vida antiga é perigoso. Diante das adversidades no deserto, o povo de Israel desejava constantemente voltar para o Egito (Números 14.1-3). Motivados pelo engano, ficaram presos quarenta anos no deserto.

Jesus disse: "[...] 'Ninguém que põe a mão no arado e olha para trás é apto para o Reino de Deus' " (Lucas 9.62). Também disse que, mesmo quando uma pessoa é liberta, e volta atrás, o demônio que a prendia (não necessariamente a possuía) "vai e traz outros sete espíritos piores do que ele, e entrando passam a viver ali. E o estado final daquele homem torna-se pior do que o primeiro" (Lucas 11.26).

Você leu o que Jesus falou: O "novo" estado dele torna-se pior do que antes de ele ser liberto da primeira vez.

Hoje eu compreendo que foi a misericórdia de Deus que transformou a mulher de Ló em uma estátua de sal. (Gênesis 19.26). Certamente ela morreu, o que a impossibilitou de dar vazão ao pecado que desejava continuar vivendo em Sodoma. Se tivesse sobrevivido, teria tido uma vida pecaminosa, o que facilmente percebemos pelo estilo de vida de suas filhas, educadas por elas.

Sério! Muito sério! Retroceder, voltar atrás ou até mesmo desejar regredir para a vida anterior, é extremamente perigoso e danoso para a nossa vida.

Outro texto do apóstolo que escreveu Hebreus diz:

> Por isso, não abram mão da confiança que vocês têm; ela será ricamente recompensada. Vocês precisam perseverar, de modo que, quando tiverem feito a vontade de Deus, recebam o que ele prometeu. (Hebreus 10.35,36)

Não abram mão da sua confiança em Deus! Ela será "ricamente recompensada". *Confiar totalmente em Deus é a mais expressiva e clara demonstração de adoração e fé que temos.*

Devemos perseverar na busca da vontade de Deus em nossas vidas. Pois assim receberemos o que ele nos prometeu!

Cansaço

QUANDO ESAÚ TROCA SUA PRIMOGENITURA por um prato de comida preparado por Jacó, algo me chamou a atenção: Esaú estava muito cansado! "Certa vez, quando Jacó preparava um ensopado, Esaú chegou faminto, voltando do campo." (Gênesis 25.29.)

Quando tomamos atitudes ou decisões estando cansados, a chance de sermos enganados e agirmos de forma errada aumenta significativamente. Pense nisso! "Então Jacó serviu a Esaú pão com ensopado de lentilhas. Ele comeu e bebeu, levantou-se e se foi. Assim Esaú desprezou o seu direito de filho mais velho." (Gênesis 25.34.)

O estado de cansaço não é o melhor momento para tomar decisões, e sim para ter calma, descansar física e psicologicamente, buscar renovar as de nossas forças no Senhor. Este faz forte o cansado e multiplica o vigor dos que estão fatigados.

Ressentimento

ESAÚ ERROU MUITO NO DECORRER de sua história. O principal erro, sem dúvida, foi ter desistido do direito de primogenitura. Tal direito não era apenas algo natural. O primeiro filho tinha o direito ao dobro que os demais filhos na herança dos pais. A primogenitura que Esaú desprezou (termo usado em muitas versões bíblicas) também tinha a ver com sua posição e herança espiritual.

A linhagem dele era patriarcal: Deus de Abraão, Deus de Isaque e Deus de... poderia ter sido Esaú. Mas ele desprezou o rito da história.

Todavia, Deus não age segundo os nossos ritos, acertos e projetos. Ele age segundo seus próprios projetos. Esaú não quis; Jacó, sim. Então o Deus de Abraão e de Isaque se tornou também o Deus de Jacó. E assim deverá ser para sempre chamado:

> Disse também Deus a Moisés: "Diga aos israelitas: O SENHOR, o Deus dos seus antepassados, o Deus de Abraão, o Deus de Isaque, o Deus de Jacó, enviou-me a vocês. Esse é o meu nome para sempre, nome pelo qual serei lembrado de geração em geração" (Êxodo 3.15).

A história é longa e inclui a esperteza de Jacó e Rebeca, mas o foco é o que vem posteriormente à bênção de Isaque a Jacó, e à não bênção deste a Esaú, fruto de suas próprias escolhas. Ele plantou e colheu, mesmo sem ter a concordância de seu pai, Isaque.

A Bíblia diz que ele foi tomado de remorso, e decidiu que, assim que Isaque morresse, se vingaria. Antes, tomou duas primas, filhas de Ismael, como esposas, para atormentar sua mãe, o que trouxe a esta muito desgosto. Esaú estava sendo inundado pela raiva e pelo remorso. Um fogo o consumia.

O livro de Jó diz: "O ressentimento mata o insensato, e a inveja destrói o tolo" (Jó 5.2).

A exemplo de Esaú, esses dois sentimentos só fazem mal àqueles que os abrigam.

O ressentimento mata quem é tolo de se deixar dominar por ele. E a inveja, grande inimiga do homem, é altamente destruidora.

A verdade nua e crua é a seguinte: com ou sem motivo, o ressentimento só faz mal, e muito mal, àquele que o tem. O mesmo se pode dizer da inveja. Mesmo que a culpa não seja sua; mesmo que o "miserável" mereça muita coisa ruim, o ressentimento fará mal a você, à sua família, não a ele. "O ressentimento mata o insensato, e a inveja destrói o tolo." Chega de morte! Chega de destruição!

Ben... o quê?

A BÍBLIA RELATA QUE ENTRE as esposas e as concubinas que Jacó teve, Raquel era sua predileta. Ele a amava! Trabalhou para seu sogro catorze anos para, de fato, ter o direito de tê-la como esposa. Por outro lado, Lia, para se deitar com Jacó, precisava da autorização de Raquel. Quando ela morreu, dando à luz seu filho caçula, lhe deram o nome de Benoni. Jacó não aceitou e mudou o nome do garoto para Benjamim.

Benoni significa filho da dor.

Benjamim significa filho da felicidade e filho da mão direita, ou da mão que abençoa.

Quando a vida nos traz uma surpresa desagradável e inevitável, somos nós que determinamos se viveremos escravos da *dor* ou filhos da *bênção*.

Os sonhos de Deus

VOCÊS JÁ CONHECEM A HISTÓRIA de José e seus irmãos, quanto ele sofreu nas mãos deles e como Deus usou esse sofrimento para não só abençoar José, mas a todos os filhos de Israel, incluindo os irmãos.

Contudo, ao ler o texto de Gênesis 37, algumas partes me chamaram a atenção. Compartilho com vocês: José era odiado pelos seus irmãos não só pelo sentimento maior que seu pai tinha (o que era um erro do próprio Jacó), mas também pelo fato de José denunciar os erros deles a seu pai.

Algo, porém, causava mais raiva ainda em seus irmãos malignos:

> Certa vez, José teve um sonho e, quando o contou a seus irmãos, eles passaram a odiá-lo ainda mais (Gênesis 37.5).

> Seus irmãos lhe disseram: "Então você vai reinar sobre nós? Quer dizer que você vai nos governar?" E o odiaram ainda mais, por causa do sonho e do que tinha dito (Gênesis 37.8).

No original, o versículo 8 finaliza assim: "[...] e eles o odiaram ainda mais, por causa de seus *sonhos* e de *suas intenções*".

Quando sonhamos os sonhos de Deus e intentamos as intenções de Deus, atraímos para nós o ódio de pessoas malignas, ciúmes e a inveja dos irmãos.

Repito: Ódio de malignos e ciúmes e inveja de irmãos (v. 4,11).

Existem pessoas que nos odeiam por termos feito algo contra elas. Outras nos odeiam apenas pelo fato de sonharmos os sonhos de Deus e ter a intenção de servir-lhe, de concretizar o sonho.

É algo *inevitável!*

Você teria que ser cego para não perceber
a liderança de Deus manifesta neste livro.
— John Maxwell,
em referência ao livro de Êxodo

Êxodo

Certamente

EM ÊXODO 3, A BÍBLIA conta a famosa história do chamamento de Moisés diante de uma sarça que pegava fogo, mas que não se consumia. Por meio dela, Deus fala com Moisés e dá a ele as diretrizes de seu chamado.

Chama-me a atenção uma expressão usada pelo autor de Êxodo, muito provavelmente o próprio Moisés. Nos versículos 6 e 7, Deus se revela a ele e diz:

> [...] "Eu sou o Deus de seu pai, o Deus de Abraão, o Deus de Isaque, o Deus de Jacó". Então Moisés cobriu o rosto, pois teve medo de olhar para Deus. Disse o SENHOR: "De fato tenho visto a opressão sobre o meu povo no Egito, tenho escutado o seu clamor, por causa dos seus feitores, e sei quanto eles estão sofrendo".

A expressão é "De fato"; na versão *Almeida Revista e Atualizada* é "certamente". Isso me leva a compreender que Moisés durante os quarenta anos que passou longe do Egito, formando sua família, trabalhando com o sogro e sendo moldado pelo Espírito Santo de Deus, estava em constante oração e reflexão, ao mesmo tempo que pensava sobre a situação do povo hebreu no Egito.

Lembro-me bem de que Moisés saiu fugido do Egito porque matara um egípcio que atormentava um hebreu. Também não me esqueci de que o autor do livro de Hebreus diz que Moisés rejeitou ser chamado filho da filha do faraó para viver como um hebreu. Portanto, Moisés nunca deixou de pensar ou orar a respeito da situação de seu povo como escravo no Egito, até que

Deus em sua soberania compreendeu que era o tempo certo de responder. Moisés estava preparado. O povo hebreu estava preparado. Estava na hora de Deus responder ao clamor deles.

Assim, Deus começa dizendo a Moisés: "Certamente". "De fato".

Com isso, Deus dizia a Moisés que nunca havia deixado de ouvir a oração dele ou do povo, mas ele esperava a hora certa de agir. Deus certamente ouve as suas orações. De fato, ele se preocupa com o que você está passando. Ele sabe; ele chora conosco. Ele quer intervir, mas espera a hora certa de agir.

Para ele agir, você deve estar preparado. Para ele agir, você deve estar moldado pelo Espírito Santo. E, muitas vezes, para que isso ocorra, exige-se um bom tempo no deserto, apascentando as ovelhas do sogro... até que a sarça arda sem se consumir.

Marchem

EM ÊXODO 14, DIANTE DO mar Vermelho, Moisés e os milhões de israelitas que estavam saindo do Egito não tinham, naturalmente, escapatória. Diante deles, o mar; atrás, o mais poderoso exército daquele tempo. Os israelitas fizeram o que um povo faz quando está em crise e desesperado: procurar alguém em quem pôr a culpa. Quem? O líder, claro!

Os versículos 11 e 12 mostram a revolta e a murmuração do povo contra Moisés. E este fez o que um líder faz quando o povo está desesperado e em crise: levar o problema para Deus.

> [...] "Não tenham medo. Fiquem firmes e vejam o livramento que o SENHOR trará hoje, porque vocês nunca mais verão os egípcios que hoje veem. "O SENHOR lutará por vocês; tão somente acalmem-se" (v. 13,14).

Foi o "cala-boca" mais espiritual já registrado na História!

Qual foi a resposta de Deus a Moisés? Foi esta: "Por que você está clamando a mim? Diga aos israelitas que sigam avante". (v. 15). Ou seja: "Por que você está orando em uma hora desta? Está na hora de marchar, agir!"

Depois do clamor e da declaração profética, Deus requer de nós ação. Eu devo clamar, devo profetizar, devo agir, devo fazer acontecer. Mas quero ir um pouco além... Depois dessa ordem de ação que Deus deu a Moisés para dizer ao povo que marchasse, ele dá outra ordem exclusiva a Moisés: "Erga a sua vara e estenda a mão sobre o mar, e as águas se dividirão para que os israelitas atravessem o mar em terra seca" (v. 16).

O resultado dessa história todos conhecem. O que nos falta é conhecer e reconhecer o que essas palavras de Deus representam para Moisés.

Bordão ou vara representa autoridade. "Sua vara", sua autoridade. "Estenda a mão" é mais uma representação de autoridade. Deus fala a Moisés: *Use a sua autoridade*. Muitas vezes, o que nos falta é ter e usar autoridade. Temos até disposição de marchar, mas, na hora de erguer a vara e estender a mão, ficamos imóveis.

Sem autoridade, o mar não abre. Sem autoridade, viramos "churrasquinho" de egípcios.

Pegue a sua vara. Levante a mão. Use a autoridade que recebeu de Deus!

O fato de Deus dedicar um livro inteiro da Bíblia
à questão da santidade indica que se trata
de um assunto importante que não pode ser ignorado
– Warren W. Wiersbe
em referência ao livro de Levítico

Levítico

Fogo no altar

"Mantenha-se aceso o fogo no altar; não deve ser apagado. Toda manhã o sacerdote acrescentará lenha, arrumará o holocausto sobre o fogo e queimará sobre ele a gordura das ofertas de comunhão. Mantenha-se o fogo continuamente aceso no altar; não deve ser apagado." (Levítico 6.12,13)

O FOGO NO ALTAR (na igreja, em casa, no casamento, na vida...) deve "sempre arder", como diz outra versão. Jamais apagar. A responsabilidade é do sacerdote.

É ele que acende a lenha a cada manhã. A vida espiritual esfriou? Mais lenha. O casamento esfriou? Mais lenha. A alegria está apagando? Mais lenha.

"O fogo arderá continuamente sobre o altar." Eis uma responsabilidade do sacerdote.

Homem, o que você tem feito nas suas manhãs? Tem posto a lenha para o fogo arder ou tem desprezado e jogado sobre ele a água do pecado e da inconstância?

Que Deus tenha misericórdia de nós!

Escolhidos

O LIVRO DE LEVÍTICO FOI escrito para ser um verdadeiro manual aos levitas, ou seja, aqueles que tinham função no templo, na tenda da consagração.

No capítulo 6, Deus dá instruções firmes aos levitas:

> "Mantenha-se aceso o fogo no altar; não deve ser apagado. Toda manhã o sacerdote acrescentará lenha, arrumará o holocausto sobre o fogo e queimará sobre ele a gordura das ofertas de comunhão. Mantenha-se o fogo continuamente aceso no altar; não deve ser apagado" (v. 12,13).

O holocausto era sinônimo máximo de culto a Deus. Faltavam aqui só as músicas que eram paralelamente tocadas pelos instrumentistas da época.

No culto não pode faltar fogo. No altar não pode faltar fogo. Não pode faltar o poder, a unção, a ação do Espírito Santo e a santa presença de Deus. E quem tinha a obrigação de acender o fogo e jamais permitir que ele se apagasse era o sacerdote do turno, supervisionado pelos sacerdotes da casa de Arão. A cada manhã, trazia a lenha; na hora do almoço, à tarde, à noite e até de madrugada, verificava o fogo, pois este não podia ser apagado.

Se o fogo apagasse, a responsabilidade era do sacerdote, diante de Deus e dos homens. Nesse altar, ou melhor, no fogo do altar, o sacerdote tinha que *pôr em ordem* o holocausto. Holocausto é um termo que deriva do vocábulo hebraico *olah*, que significa "subir". Holocausto em Levítico, portanto, significa o "sacrifício que sobe", ou seja, o que é oferecido a Deus como culto.

Trata-se da responsabilidade do sacerdote pôr em ordem o culto a Deus. Em Levítico, há vários holocaustos ou sacrifícios: pelo perdão dos pecados, pela consagração dos sacerdotes, pelo que deseja a alma, ou simplesmente como instrumento de adoração a Deus, apenas para citar alguns exemplos. Quem organiza é o sacerdote. *Queimar* a gordura também é responsabilidade do sacerdote. O termo utilizado no original para "gordura" é *hhé·lev*.

Hhé·lev aparece pela primeira vez em Gênesis 4.4, relacionado ao sacrifício oferecido por Abel a Deus, das "partes gordas" das primeiras crias de seu rebanho. A maioria das referências a *hhé·lev* está relacionada a sacrifícios.

Hhé·lev também é usado para a parte melhor ou mais rica de alguma coisa. A gordura animal era a parte mais rica do animal, a mais importante, a que subia diante de Deus como "aroma suave e aceitável".

O sacerdote tem a obrigação de oferecer a Deus a melhor parte. Sim, seu melhor tempo, suas melhores e maiores forças, o melhor de sua mente, de sua inteligência e de seus estudos, seu melhor preparo etc. O que ele tem de melhor, precisa obrigatoriamente dar a Deus, sob pena de o fogo apagar.

Perceba o peso do homem que foi consagrado. Se você estudar os versículos anteriores, perceberá que havia, inclusive, uma espécie de "roupa especial" que o sacerdote só podia usar no momento dos ofícios.

O salmista diz: "pois o zelo pela tua casa me consome, e os insultos daqueles que te insultam caem sobre mim" (Salmos 69.9). O zelo do fogo do altar precisa consumir quem foi ungido sacerdote. O sacerdote não escolhe a profissão; é escolhido por Deus para ela.

"Seus discípulos lembraram-se de que está escrito: 'O zelo pela tua casa me consumirá' ." (João 2.17)

O livro de Números é muito menos conhecido
do que alguns famosos hinos que a
sua história inspirou [...].
– Gordon J. Wenham

Números

O pessimismo

EM NÚMEROS 13 E 14, a Bíblia relata que Moisés envia 12 espias para espreitar a terra prometida, um representante de cada tribo. Eles percorreram a terra e voltaram com relatórios. Dez pensavam de uma forma, dois de outra.

> E deram o seguinte relatório a Moisés: "Entramos na terra à qual você nos enviou, onde há leite e mel com fartura! Aqui estão alguns frutos dela. Mas o povo que lá vive é poderoso, e as cidades são fortificadas e muito grandes. Também vimos descendentes de Enaque. [...] Mas os homens que tinham ido com ele disseram: "Não podemos atacar aquele povo; é mais forte do que nós". (Números 13.27,28,31)

O relatório dos *dez pessimistas* atingiu em cheio o coração do povo: "E espalharam entre os israelitas um relatório negativo acerca daquela terra. Disseram: 'A terra para a qual fomos em missão de reconhecimento devora os que nela vivem. Todos os que vimos são de grande estatura' " (v. 32).

Os pessimistas contaminaram o povo com seu pessimismo. Esse sentimento é altamente contagioso e ataca o coração, desanimando e enfraquecendo o povo, desanimando e enfraquecendo o líder. Um vírus terrível que tira forças e vigor.

Veja o que encontramos no capítulo seguinte: "Os homens enviados por Moisés em missão de reconhecimento daquela terra voltaram e fizeram toda a comunidade queixar-se contra ele ao espalharem um relatório negativo" (14.36).

E mais: *o pessimismo gera medo*, e o medo gera confusão. O versículo 10 do mesmo capítulo diz que a comunidade toda falou em apedrejar", Josué e Calebe, que pensavam diferente. Eram os *otimistas*: "Josué, filho de Num, e Calebe, filho de Jefoné, dentre os que haviam observado a terra, rasgaram as suas vestes e disseram a toda a comunidade dos israelitas: 'A terra que percorremos em missão de reconhecimento é excelente' ". (v. 7,8).

O otimista anima, fortalece, progride, mesmo que os sinais sejam contrários, mesmo que os "descendentes de Enaque", os gigantes da vida, sejam extremamente grandes e fortes. Os *otimistas* em Deus são bocas proféticas para o bem do povo. Josué e Calebe declararam ao povo:

> "Se o SENHOR se agradar de nós, ele nos fará entrar nessa terra, onde há leite e mel com fartura, e a dará a nós. Somente não sejam rebeldes contra o SENHOR. E não tenham medo do povo da terra, porque nós os devoraremos como se fossem pão. A proteção deles se foi, mas o SENHOR está conosco. Não tenham medo deles!" (v. 8,9).

O *otimista* não deixa de enfrentar o medo ao enfrentar a adversidade! Ele não é destemido; sente medo! No entanto, sabe e visualiza a recompensa que há ao enfrentar e vencer o medo. Já *os pessimistas* são dominados e paralisados pelo medo.

Deus se alegra com os *otimistas* e se entristece com os *pessimistas*. Os otimistas, em Deus, expressam a *fé*, já os *pessimistas* desprezam o poder da *fé*, e sem fé é impossível agradar a Deus.

> "[...] nenhum dos que viram a minha glória e os sinais milagrosos que realizei no Egito e no deserto e me puseram à prova e me desobedeceram dez vezes — nenhum deles chegará a ver a terra que prometi com juramento aos seus antepassados. Ninguém que me tratou com desprezo a verá."

A sentença de Deus aos dez *pessimistas* nos versículos 22 e 23 foi pesada! Já aos *otimistas,* ele disse: "Mas, como o meu servo Calebe tem outro espírito e me segue com integridade, eu o farei entrar na terra que foi observar, e seus descendentes a herdarão" (v. 24).

Deus fez diferenciação de bênção e maldição entre os otimistas e os pessimistas:

> "esses homens responsáveis por espalhar o relatório negativo sobre a terra morreram subitamente de praga perante o Senhor. De todos os que foram observar a terra, somente Josué, filho de Num, e Calebe, filho de Jefoné, sobreviveram" (v. 37,38).

O que nós devemos fazer?

Ser otimistas, mesmo diante da realidade adversa. Há um clamor muito forte no meu coração: quero estar rodeado de pessoas cheias de fé e de otimismo. Um líder precisa estar rodeado de pessoas que alimentam sua fé, não que a sugam. Existem sanguessugas de fé, sanguessugas de força, de espiritualidade, e geralmente são camuflados de *pessimistas*.

É preciso fazê-los calar aos nossos ouvidos espirituais. E o fazemos com *fé*, muita *fé*, camuflados de *otimismo*: "Então Calebe fez o povo calar-se perante Moisés e disse: 'Subamos e tomemos posse da terra. É certo que venceremos!' " (Números 13.30).

Números

EM NÚMEROS 13 E 14, a Bíblia conta a história do envio dos 12 espias à terra de Canaã; de como dez trouxeram um relatório avassalador, desanimador e medonho, e dois (Josué e Calebe) confiaram no Senhor e deram outro relatório, bastante animador. O povo ouviu os dez espias, que contaminaram o povo a ponto de querer apedrejar Josué e Calebe pelo relatório diferente que apresentaram.

A sentença de Deus foi dura! Aqueles homens e toda a sua geração, com exceção dos dois homens de Deus, não entrariam em Canaã. Não desfrutariam da promessa. Morreriam no deserto. Apenas seus filhos e a nova geração viveriam as promessas na terra prometida.

Mesmo assim, um grupo foi contra a palavra de Deus. Já não bastavam as murmurações, a vontade de voltar para o Egito, a desobediência, o medo... Aquele grupo de israelitas quis entrar na terra e conquistá-la por sua própria força, o que se descreve no final do capítulo 14 de Números:

> Quando Moisés transmitiu essas palavras a todos os israelitas, eles choraram amargamente. Na madrugada seguinte, subiram para o alto da região montanhosa e disseram: "Subiremos ao lugar que o SENHOR prometeu, pois cometemos pecado". Moisés, porém, disse: "Por que vocês estão desobedecendo à ordem do SENHOR? Isso não terá sucesso!" (v. 39-41).

Mesmo demonstrando certo arrependimento, o povo não poderia ir contra a sentença do Senhor. Quando nos arrependemos de algo, precisamos esperar que Deus nos permita agir, não agir com o nosso próprio entendimento. O arrependimento gera perdão, mas a nova chance vem do Senhor, segundo sua soberania, no momento oportuno.

Muitas vezes não vem. Outras, quando vem, surge depois que Deus trata o nosso coração. Ele quer nos ensinar a depender dele e confiar 100% nele e em suas promessas. Mesmo arrependidos, devemos esperar no Senhor.

"Não subam, porque o SENHOR não está com vocês. Vocês serão derrotados pelos inimigos" (Números14.42), disse Moisés. Eles não o ouviram.

> Apesar disso, eles subiram desafiadoramente ao alto da região montanhosa, mas nem Moisés nem a arca da aliança do SENHOR saíram do acampamento. Então os amalequitas e os cananeus que lá viviam desceram, derrotaram-nos e os perseguiram até Hormá. (Números 14.44,45)

A nossa segunda (terceira, quarta etc.) chance só terá validade se vier do Senhor. O arrependimento genuíno gera perdão do Senhor. A graça anula o pecado. Agir em Deus de novo depende com exclusividade de sua soberania.

Meribá

O QUE ACONTECEU EM MERIBÁ?

Você já se perguntou por que Moisés, o grande homem de Deus, capaz de falar com Deus face a face, "como quem fala com seu amigo", pai da nação, líder de milhares, propagador das leis, entre outros feitos, foi repreendido por Deus por um erro tal, a ponto de ser proibido de entrar na terra prometida? De ser impedido de ter acesso ao fruto de sua própria profecia?

Tudo ocorreu em Meribá. Quando chegaram ao deserto de Zim, não havia água potável para o povo. Cansado por estar enfrentando dias de caminhada em desertos áridos e secos, o povo mais uma vez reclamava.

Em Números 20.2, a Bíblia conta que o povo "se juntou contra Moisés e contra Arão". E, nos versículos posteriores, acusou Moisés de conduzi-lo direto para a morte. Segundo os murmuradores, Moisés deveria tê-los deixado no Egito. Seria melhor do que aquele lugar terrível, onde não havia "cereal, nem figos, nem uvas, nem romãs, nem água para beber" (v. 5).

"Moisés e Arão saíram de diante da assembleia para a entrada da Tenda do Encontro e se prostraram, com o rosto em terra, e a glória do Senhor lhes apareceu" (v. 6).

Moisés e seu irmão começaram certo, buscaram o Senhor naquele momento de angústia e de cansaço. Se o povo estava cansado de tamanha caminhada, imagine os líderes que ainda tinham que aturar as reclamações do povo. Soma-se a isso que ambos haviam perdido sua irmã mais velha, Miriã, que havia falecido havia pouco.

> E o Senhor disse a Moisés: "Pegue a vara, e com o seu irmão Arão reúna a comunidade e diante desta fale àquela rocha, e ela verterá água. Vocês tirarão água da rocha para a comunidade e os rebanhos beberem". (v. 7,8)

Deus mais uma vez resolve responder ao coração duro e rebelde do povo com sinais e prodígios. Queria mais uma vez despertar no povo a consciência de que o grande Eu sou estava com eles para sustentá-los, e que faria isso usando seu instrumento Moisés.

"Fale àquela rocha", disse Deus. No entanto, Moisés fez diferente:

> Então Moisés pegou a vara que estava diante do Senhor, como este lhe havia ordenado. Moisés e Arão reuniram a assembleia em frente da rocha, e Moisés disse: "Escutem, rebeldes, será que teremos que tirar água desta rocha para dar a vocês?" Então Moisés ergueu o braço e bateu na rocha duas vezes com a vara. Jorrou água, e a comunidade e os rebanhos beberam (v. 9-11).

Erroneamente muitos acreditam que o fato de Moisés "bater" na rocha, em vez de apenas "falar", foi o que o fez ser rejeitado. Não é do feitio de Deus se apegar a pequenas falhas para penalizar com grandes aflições. A misericórdia triunfaria sobre o juízo, como em outros momentos, até piores do que aquele.

Moisés, o grande líder, não apenas desobedeceu a uma ordem direta: "Escutem, rebeldes, será que teremos que tirar água desta rocha para dar a vocês?".

Moisés tomou para si a responsabilidade que era de Deus. Tomou a glória da resposta para si. Naquele momento, a glória de Deus seria manifesta para abençoar o povo com água. Moisés trouxe essa glória para si: "Vou ter que fazer de novo para vocês pararem de reclamar de mim, terei que tirar água desta rocha para vocês beberem".

Não, Moisés, você não consegue tirar água de nenhum lugar. Só o Criador de tudo e de todos pode. Naquele dia ele, e mais ninguém, queria ser glorificado mais uma vez diante de seu povo, mesmo diante da rebeldia do povo.

Naquele dia, Deus respondeu a Moisés e a Arão: "[...] 'Como vocês não confiaram em mim para honrar minha santidade à vista dos israelitas, vocês não conduzirão esta comunidade para a terra que dou a vocês' " (v. 12).

Naquele instante, Deus tinha que responder ao povo que fora *ele* que o havia libertado do Egito, não Moisés. Foi uma resposta pelo fato de Moisés ter tomado de Deus a glória.

Do mais simples milagre ao mais extraordinário sinal, a glória pertence exclusivamente a Deus. Ele não a divide com ninguém, nem com Moisés, muito menos comigo ou com você.

Daí, um grande alerta! Moisés conhecia Deus como ninguém. Até então, Deus havia usado Moisés como ninguém na terra, mas Moisés estava cansado, sobrecarregado, havia acabado de perder sua irmã mais velha, estava em um poço de emoção. Errou por causa da confusão de seus sentimentos. Cuidado!

Havia também o fator da liderança de Moisés. Quanto mais nos achegarmos a Deus, mais seremos cobrados (Lucas 12.48). Arão sofreu desse fator. Deus o fez subir ao monte Hor, onde Moisés o destituiu da função de sumo sacerdote e constituiu seu filho Eleazar em seu lugar (cf. v. 23-29). Ninguém é insubstituível!

Ressalto que Moisés não deixou de ser "o" Moisés. O amor de Deus encobriu aquele pecado, a ponto de ele ter seu corpo arrebatado. Moisés está em nossa galeria de heróis da fé, e um dia, no céu, conheceremos essa grande e imponente figura bíblica.

Mas, por causa de Meribá, Moisés não entrou na terra de seus sonhos, de sua profecia e vocação.

Que Deus tenha misericórdia de nós!

> Essas foram as águas de Meribá, onde os israelitas discutiram com o SENHOR e onde ele manifestou sua santidade entre eles. (Números 20.13)

O perigo da impaciência

EM NÚMEROS 21, EM MAIS uma passagem que relata o árduo caminho do povo de Israel pelo deserto, a Bíblia registra mais uma murmuração da "turma".

> Partiram eles do monte Hor pelo caminho do mar Vermelho, para contornarem a terra de Edom. Mas o povo ficou impaciente no caminho e falou contra Deus e contra Moisés, dizendo: "Por que vocês nos tiraram do Egito para morrermos no deserto? Não há pão! Não há água! E nós detestamos esta comida miserável!". (v. 4,5)

Além da reclamação rotineira da falta de água e pão, dessa vez eles reclamaram da comida que Deus estava enviando diariamente a eles: o maná e as codornizes, o que não implica necessariamente que os israelitas foram alimentados exclusivamente de maná. Eles tinham rebanhos numerosos que lhes davam leite, queijo e, é claro, um grande suprimento de carne (p. ex., Números 9, Deuteronômio 2). Mas a reclamação era daquilo que vinha às mãos sem o esforço do trabalho e muito provavelmente pela falta do "tempero" do Egito.

Deus cuidava deles, mas de tempos em tempos estes se lembravam dos poucos "prazeres transitórios" que tinham no Egito, apesar de serem escravos e obrigados a realizar trabalhos forçados. Mas dessa vez houve outro complicador. A Bíblia conta que eles ficaram impacientes, o que os levou a falar bobagem a respeito de Deus e de seu servo Moisés: "[...] Mas o povo ficou impaciente no caminho e falou contra Deus e contra Moisés [...]".

Deus age certo, da forma certa e no momento certo, ou seja, *ele* age de seu jeito, de sua forma e em seu momento, segundo o beneplácito de sua vontade e plenitude de sua soberania. Geralmente, isso significa que ele age diferente do nosso agir, da nossa forma e do momento em que achamos que deva agir.

Por isso, somos tentados a ser impacientes. O ser humano é impaciente com tudo que não consegue controlar, explicar, aceitar e principalmente com tudo que precisa esperar.

Acontece que a impaciência, além de aumentar a nossa ansiedade, pode trazer outros malefícios e gerar outras problemáticas no homem. No caso do povo de Israel, que falou mal de Deus e de Moisés, um homem que Deus havia constituído como seu representante diante do povo, a consequência foi terrível: "Então o SENHOR enviou serpentes venenosas que morderam o povo, e muitos morreram" (v. 6).

Além da morte, da dor das picadas, da confusão e do medo gerado pelas cobras, lembro que a serpente é o animal que biblicamente representa o engano.

A impaciência pode gerar dor, medo, confusão, engano e morte. Controlar a nossa impaciência e a nossa língua é fundamental para controlarmos e vencermos cada um desses gigantes.

O domínio próprio é fruto do Espírito Santo. Quem nasceu de novo precisa se dominar!

A paciência não é uma virtude humana, mas, sim, uma virtude produzida pelo Espírito Santo.

> O povo foi a Moisés e disse: "Pecamos quando falamos contra o SENHOR e contra você. Ore pedindo ao SENHOR que tire as serpentes do meio de nós". E Moisés orou pelo povo. O SENHOR disse a Moisés: "Faça uma serpente e coloque-a no alto de um poste; quem for mordido e olhar para ela viverá". Moisés fez então uma serpente de bronze e a colocou num poste.

> Quando alguém era mordido por uma serpente e olhava para a serpente de bronze, permanecia vivo". (Números 21.7-9)

O povo se humilhou com o ataque das serpentes. Menos mal! Sempre há espaço diante de Deus para quem reconhece o erro, para quem se arrepende e busca o perdão. Ao procurar Moisés, corrigiram com a mesma língua que usaram para falar mal dele e de Deus: "[...] 'Pecamos quando falamos contra o SENHOR e contra você' ".

Moisés orou por eles, e Deus respondeu com uma estratégia que os obrigava a ter fé (o que faltou ao demonstrar impaciência), submissão à vontade de Deus e que também significou um "totem" para a memória do povo: não esqueçam o perigo da impaciência!

Acomodação

EM NÚMEROS 32, A BÍBLIA relata um fato curioso. As tribos de Rúben e Gade, ao perceberem que a terra de Jazar e Gileade eram boas para criar gado, fizeram um pedido a Moisés: que ali estabelecessem suas famílias, não na terra além do Jordão, ou seja, em Canaã (v. 1-4).

A Bíblia não entra em detalhes sobre o motivo. Pode ser que realmente tenham visto que a terra era boa; talvez também se tratasse de comodismo ou cansaço. Podia também ser medo de ter que entrar em guerra contra o povo que habitava em Canaã.

"E acrescentaram: 'Se podemos contar com o favor de vocês, deixem que essa terra seja dada a estes seus servos como herança. Não nos façam atravessar o Jordão' " (v. 5).

A resposta do ancião Moisés foi dura: "Moisés respondeu aos homens de Gade e de Rúben: 'E os seus compatriotas irão à guerra enquanto vocês ficam aqui? Por que vocês desencorajam os israelitas de entrar na terra que o SENHOR lhes deu?" (v. 6,7).

> "E aí estão vocês, raça de pecadores, pondo-se no lugar dos seus antepassados e acendendo ainda mais a ira do SENHOR contra Israel. Se deixarem de segui-lo, de novo ele os abandonará no deserto, e vocês serão o motivo da destruição de todo este povo." (v. 14,15)

Aquela atitude de "acomodação" não afetava apenas as tribos de Rúben e Gade, mas todo o povo.

Por que eles podem descansar, e nós não? Por que eles podem se preocupar com seus negócios, ganhar dinheiro, e nós não? Por que eles podem cuidar da família enquanto nós temos que entrar em guerra? Foram alguns dos questionamentos que seguramente passaram pela cabeça das demais tribos.

Hoje em dia não seria diferente:

Por que tenho que ir ao culto quando estou cansado? Por que tenho que me submeter à minha liderança se já sou "grandinho"? Por que tenho que contribuir além das minhas ofertas e dízimos? Por que não posso tirar férias da igreja e ficar uns dias sem ir? Por que tenho que ter um ministério?

Existem muitos "gaditas" e "rubenitas" nas igrejas atuais.

Entenda que os nossos atos e falas, sentimentos e pensamentos não afetam apenas a nossa vida, mas também a daqueles que estão à nossa volta, a começar pela nossa própria família.

Um pai "covarde", "acomodado" e "rebelde" gera uma família à sua imagem, mesmo que não fale muito, porque para influenciar os parentes os gestos valem mais que palavras. E, quando somos líderes, a situação piora. As nossas atitudes negativas influenciam o povo que nos segue. Se queremos nos acomodar, o povo ficará acomodado; se nos acovardamos, o grupo fica desestimulado, e assim por diante.

Da mesma forma, o contrário é verdadeiro.

Se estamos dispostos a guerrear, a conquistar, a lutar, a encarar a vida da forma que Deus quer, caso tenhamos a visão de Deus, influenciamos da mesma forma quem está à nossa volta.

As tribos de Rúben e Gade, ao ouvir a repreensão de Moisés, entenderam e tomaram uma atitude positiva:

> "[...] nós nos armaremos e estaremos prontos para ir à frente dos israelitas até que os tenhamos levado ao seu lugar. Enquanto isso, nossas mulheres e nossos filhos morarão em cidades fortificadas para se protegerem dos habitantes da terra. Não retornaremos aos nossos lares enquanto todos os israelitas não receberem a sua herança" (v. 17,18).

Moisés, inspirado pelo Espírito Santo, aprovou a iniciativa e os abençoou:

> Disse-lhes Moisés: "Se fizerem isso, se perante o SENHOR vocês se armarem para a guerra, e se, armados, todos vocês atravessarem o Jordão perante o SENHOR até que ele tenha expulsado os seus inimigos da frente dele, então, quando a terra estiver subjugada perante o SENHOR, vocês poderão voltar e estarão livres da sua obrigação para com o SENHOR e para com Israel. E esta terra será propriedade de vocês perante o SENHOR" (v. 20-22).

A rota da terra prometida passa
inevitavelmente pelo deserto.
— John Bevere,
em *Vitória no deserto*

Deuteronômio é basicamente
o último desejo de Moisés.
— Earl D. Radmacher

Deuteronômio

O deserto

APRENDER COM AS PASSAGENS DA Bíblia é algo gratificante. Cada texto é rico, traz lições e direção. Como, por exemplo, o caminho dos israelitas que saíram do Egito para a terra de Canaã, passando pelo deserto.

O Egito representa a escravidão do mundo, da carne e do pecado. A escravidão que o Diabo causa na vida das pessoas. Canaã é a terra prometida. O local onde Deus prometeu para seu povo. Onde ele determina a bênção. Onde cumpre suas promessas.

Por sua vez, o deserto é a travessia. O caminho necessário. Todos precisamos do deserto. Saímos do Egito, em direção a Canaã, mas passamos pelo deserto.

> "Lembrem-se de como o SENHOR, o seu Deus, os conduziu por todo o caminho no deserto, durante estes quarenta anos, para humilhá-los e pô-los à prova, a fim de conhecer suas intenções, se iriam obedecer aos seus mandamentos ou não. Assim, ele os humilhou e os deixou passar fome. Mas depois os sustentou com maná, que nem vocês nem os seus antepassados conheciam, para mostrar a vocês que nem só de pão viverá o homem, mas de toda palavra que procede da boca do SENHOR. As roupas de vocês não se gastaram e os seus pés não incharam durante esses quarenta anos. Saibam, pois, em seu coração que, assim como um homem disciplina o seu filho, da mesma forma o SENHOR, o seu Deus, os disciplina. Obedeçam aos mandamentos do SENHOR, o seu Deus, andando em seus caminhos e dele tendo temor. Pois o SENHOR, o seu Deus, os está levando a uma boa terra, cheia de riachos e tanques de água, de fontes que jorram nos vales e nas colinas; terra de trigo e cevada, videiras e

> figueiras, de romãzeiras, azeite de oliva e mel; terra onde não faltará pão e onde não terão falta de nada; terra onde as rochas têm ferro e onde vocês poderão extrair cobre das colinas. Depois que tiverem comido até ficarem satisfeitos, louvem o SENHOR, o seu Deus, pela boa terra que deu a vocês." (Deuteronômio 8.2-10)

Portanto, saiba que no Egito não podemos ficar em hipótese alguma. E o deserto é o caminho que temos que percorrer! É nele que Deus nos capacita para a bênção! É no deserto que ele nos prepara para a terra das promessas.

O que é necessário para termos um bom coração diante de Deus a fim de nos apropriarmos de Canaã? Passar pelo deserto para aprender! O que não precisamos é ficar quarenta anos ali. Quanto tempo você vai ficar vagando no deserto?

Deuteronômio 8, que é um capítulo extremamente didático, tem algumas respostas. Nele encontramos uma explicação para o povo de Israel ter vivido errante no deserto por quarenta anos, além, é claro, do pecado por falta de fé.

Já no versículo 2, Moisés sendo usado, como porta-voz de Deus, revela:

> "Lembrem-se de como o SENHOR, o seu Deus, os conduziu por todo o caminho no deserto, durante estes quarenta anos, para humilhá-los e pô-los à prova, a fim de conhecer suas intenções, se iriam obedecer aos seus mandamentos ou não".

O deserto não seria apenas uma estrada ou uma fase na vida daquele povo. Seria uma escola, uma estufa de caráter, hombridade e espiritualidade.

As dificuldades na vida nos ensinam a viver e a valorizar a vida, mas também são reveladoras. Segundo o versículo2, o deserto revela as intenções do coração e quem, de fato, era aquele povo, o que passava em seu coração. Ou seja, resumindo em uma frase, quem eram eles quando ninguém estava olhando?

As dificuldades da vida revelam quem realmente somos! No versículo 16 do mesmo capítulo, encontramos um complemento:

> "e os sustentou no deserto com maná, que os seus antepassados não conheciam, para humilhá-los e prová-los, a fim de que tudo fosse bem com vocês".

Na *Almeida Revista e Atualizada,* a expressão é "para [...] te fazer bem". O deserto faz bem porque nos ensina. Faz bem porque revela as intenções do nosso coração. Faz bem porque nos torna homens de Deus!

No capítulo 8, ainda há expressões do passado do povo, para que eles não voltem nem queiram voltar ao Egito. Quando saímos do Egito, somos livres. Quando ficamos no Egito, mesmo que lá haja uma pseudocondição de vida, somos escravos. Só pessoas livres adquirem a terra prometida. *E não há como ser livre com mentalidade de escravo.* Voltar atrás não é opção.

O caminho é o deserto. Depois do deserto, há uma terra da promessa de Deus.

Eita chuva boa!

O LIVRO DE DEUTERONÔMIO, ÚLTIMO livro do Pentateuco, foi escrito para registrar as últimas palavras de Moisés, diante da entrada da terra prometida, ao povo que passaria a ser comandado por Josué, seu sucessor e filho espiritual. No grego, significa "segunda lei". O nome original no hebraico é *d'varim*, que significa "palavras". Ou seja, Moisés lembrava o povo de Deus das ordenanças divinas antes de possuírem a terra.

O que o Senhor quer de vocês? Moisés pergunta e responde (Deuteronômio 10.12,13) ao mesmo tempo:

> "[...] senão que tema o SENHOR, o seu Deus, que ande em todos os seus caminhos, que o ame e que sirva ao SENHOR, o seu Deus, de todo o seu coração e de toda a sua alma, e que obedeça aos mandamentos e aos decretos do SENHOR, que hoje dou a você para o seu próprio bem?".

Temer ao Senhor é diferente de sentir medo. Temer significa ter reverência, respeito, servidão. Temer obrigatoriamente nos leva a andar em todos os caminhos divinos e obedecer a seus mandamentos e decretos. E ainda sermos fiéis de coração à sua aliança (Deuteronômio 10.16).

Já em 11.8, Moisés nos orienta a obedecer "para que tenham forças para invadir e conquistar a terra para onde estão indo". A obediência nos fortalece para os desafios. Mais ainda: "para que vivam[os] muito tempo na terra" (v. 9), ou seja, aproveitemos a vitória! Qual terra? O nosso futuro é esta terra!

Ele avisa que é uma "terra de montes e vales, que bebe chuva do céu" (v. 11), ou seja, de altos e baixos, lutas e percalços, mas que recebe dos céus chuva e "uma terra da qual o Senhor, o seu Deus, cuida; os olhos do Senhor, o seu Deus, estão continuamente sobre ela, do início ao fim do ano" (v. 12).

O Deus ao qual servimos é completo e faz tudo completo. Não se trata aqui de qualquer chuva. Trata-se de uma chuva que, ao cair sobre a terra, traz algo especial: "então, no devido tempo, enviarei chuva sobre a sua terra, chuva de outono e de primavera, para que vocês recolham o seu cereal e tenham vinho novo e azeite" (v. 14).

Obediência e temor fazem cair a chuva que nos leva a recolher (expressão "para dentro", ou seja, para você) *o cereal*; bênçãos naturais, *o vinho*; bênçãos emocionais; e o *azeite*, a unção.

Eita chuva boa! Tal obediência ainda leva o Senhor a expulsar "todas" as "nações da presença de vocês, e vocês despojarão nações maiores e mais fortes do que vocês" (v. 23). Os nossos inimigos podem até ser mais fortes e maiores, mas o *maior de todos* estará em nós!

Esse texto trata somente de bênçãos? Claro que não! Aprenda de uma vez por todas: *toda escolha exige uma renúncia!* No versículo 26, o Senhor diz: "Prestem atenção! Hoje estou pondo diante de vocês a bênção e a maldição". As bênçãos são o resultado da obediência aos mandamentos do Senhor, ao passo que a maldição é exatamente o contrário (v. 27).

Para isso, há três conselhos fundamentais:

- "[...] deixem de ser obstinados" (Deuteronômio 10.16). Somos obstinados é quando colocamos algo no coração e na mente e buscamos atuar sem a aprovação de Deus. Pode ser algo que represente pecado, como pode ser algo que apenas represente a nossa vontade. Mais ou menos ser um cabeça-dura intransigente e inflexível.

- "Por isso, tenham cuidado para não serem enganados e levados a desviar-se [...]" (Deuteronômio 11.16). Creio que esse versículo é autoexplicativo. *O engano é a maior arma do Diabo contra o verdadeiro cristão.*
- Tomem posse da terra (atitude) e passem o Jordão (região do sobrenatural) (cf. Deuteronômio 11.11). Algo que exige agir no mundo natural e também no sobrenatural. Vale a pena registrar o conselho de Moisés sobre esta passagem:

> "Gravem estas minhas palavras no coração e na mente; amarrem-nas como sinal nas mãos e prendam-nas na testa. Ensinem-nas a seus filhos, conversando a respeito delas quando estiverem sentados em casa e quando estiverem andando pelo caminho, quando se deitarem e quando se levantarem. Escrevam-nas nos batentes das portas de suas casas e nos seus portões" (Deuteronômio 11.18-20).

Bênçãos

DEUTERONÔMIO 28 É UM TEXTO ímpar na Bíblia. Ele descreve as bênçãos decorrentes da obediência e as maldições decorrentes da desobediência. Deixa claro o nosso direito de escolha. É como se houvesse um cardápio no qual poderíamos escolher entre ser abençoado e ser amaldiçoado.

Vivemos no tempo da graça, no qual a bênção decorre da graça, e a maldição, da falta dela. Mas Deuteronômio 28 já descreve a opção pela graça, porquanto na graça escolhemos obedecer e assim alcançamos o favor da bênção proveniente dela. Não se trata de salvação, e sim de algo já pago. É a bênção que vem da escolha da graça.

Mas voltemos ao texto, atentos à bênção:

> "Se vocês obedecerem fielmente ao SENHOR, o seu Deus, e seguirem cuidadosamente todos os seus mandamentos que hoje dou a vocês, o SENHOR, o seu Deus, os colocará muito acima de todas as nações da terra. Todas estas bênçãos virão sobre vocês e os acompanharão se vocês obedecerem ao SENHOR, o seu Deus" (v. 1,2).

Na versão *Almeida Revista e Atualizada,* a expressão usada é "virão sobre ti e te alcançarão", ou seja, a bênção o perseguirá. Não apenas você irá atrás dela, como *a bênção virá atrás de você.*

E a lista é grande:

- como povo, será exaltado sobre as demais nações;
- bênçãos na cidade e no campo (v. 3);
- os filhos serão abençoados (v. 4);
- a bênção da frutificação em tudo que você fizer (v. 4,11);

- abençoado ao "entrares" e ao "saíres", ou seja, seu caminhar é de bênção, não apenas na estrada ou em viagem, mas ao entrar em um negócio, por exemplo, em um processo etc. (v. 6);
- tudo o que for tocado por suas mãos será abençoado (v. 8) e sobre seus "celeiros" (lugar de guardar bens) o Senhor determinará a bênção;
- bênção no trabalho natural, profissional (v. 12).

A lista é grande, e cada versículo poderia render uma grande e inspiradora ministração.

Acima fiz um resumo. Agora quero detalhar alguns pontos específicos:

> "O SENHOR concederá que sejam derrotados diante de vocês os inimigos que os atacarem. Virão a vocês por um caminho, e por sete fugirão" (v. 7).

Seus inimigos espirituais, que muitas vezes manipulam pessoas naturais, serão "derrotados diante de você". Se aqui aparece "diante", quer dizer que haverá batalha, luta, guerra, mas a *obediência* gerou *graça* que concede vitória. Eles podem vir (e virão) contra você por um caminho, mas por sete fugirão.

> "Então todos os povos da terra verão que vocês pertencem ao SENHOR e terão medo de vocês." (v. 10)

Aqui a bênção da "propriedade exclusiva de Deus". E, ao saberem que pertencemos a Deus, terão medo de nós. Lembro que o medo desperta nos homens sentimentos primitivos, retaliadores. Também, como no versículo 1, é bom lembrar que esse versículo é de bênção coletiva, não exclusiva, para o povo de Deus.

"O Senhor abrirá o céu, o depósito do seu tesouro [...]". (v. 12a). Bênçãos espirituais, vindas de um céu aberto. Aliás, a maior bênção que podemos ter na vida é o céu aberto acima de nós; a abertura com o Espírito Santo, o relacionamento íntimo com o Pai Eterno. Quando descobrimos esse caminho, nada mais importa.

"Vocês emprestarão a muitas nações e de nenhuma tomarão emprestado" (v. 12b). Bênção da prosperidade financeira, ou seja, ter dinheiro. Não é promessa de ser rico ou milionário. Não há isso na Bíblia! Aqui a promessa é ter o suficiente para emprestar tranquilamente e não ter que pegar emprestado.

É óbvio que tal bênção exige não apenas a fé ou a obediência em Deus, como também organização financeira. Lembro que a fé sem obras é morta, nula!

> "O Senhor fará de vocês a cabeça das nações, e não a cauda. Se obedecerem aos mandamentos do Senhor, o seu Deus, que hoje dou a vocês e os seguirem cuidadosamente, vocês estarão sempre por cima, nunca por baixo."(v. 13)

Aqui também se trata de uma bênção comunitária, não para um único indivíduo: "cabeça das nações", não a "cauda". A bênção de ser um povo importante é o resultado da importância de: estar "sempre por cima, nunca por baixo".

Como vimos, ser abençoado é fruto das escolhas que fazemos. No mesmo capítulo, e em maior trecho, vemos o contrário. Quando desobedecemos, colhemos maldições. *Toda escolha exige renúncia*. Quando escolhemos o caminho da maldição, da desobediência, rejeitamos a bênção.

Quando escolhemos a desobediência, rejeitamos a graça; rejeitamos o favor imerecido. Somos ignorantes a ponto de rejeitar o chamado *favor imerecido*.

A continuação é pesada. Não é apenas o contrário. Um abismo chama outro abismo. A lista fica sobremodo grande.

Qual é a sua escolha? Tudo depende dela...

Qualquer habilidade que um fiel cristão tenha,
deve dedicá-la ao serviço de Deus, companheiros.

— João Calvino

Nenhum outro [livro] inspira mais coragem
e dá mais sabedoria ao soldado da cruz
do que o livro de Josué.

— Henrietta Mears

Josué

O exemplo de Josué

HÁ UMA GRANDE PERSONAGEM DA Bíblia que representa uma geração, também representa uma geração espiritual (porque a geração natural é única, já a espiritual se repete), ele personifica a conquista: Josué.

Não é por menos que o significado do nome Josué é o mesmo de *Yeshua* — o Messias. Façamos um paralelo entre Josué e seu antecessor. Com certeza, pode-se atribuir a Moisés grandes adjetivos, incluindo o de grande líder do Antigo Testamento e libertador. Ele viu Deus "face a face". Mas nem com tudo isso entrou em Canaã, a terra prometida.

Ele preparou o povo, mostrou o caminho a seguir e viu a terra de longe, mas não entrou nela e muito menos a conquistou. Josué, sim, entrou, liderou o povo, conquistou Canaã e conseguiu tempos de paz e prosperidade na terra prometida para todo o povo de Israel. Josué, o conquistador!

Devemos aprender com Josué o segredo de ser conquistadores. Todos nós temos sonhos que queremos alcançar, promessas de que queremos nos apropriar. Todos queremos melhorar a nossa condição humana, a nossa vida. Josué levou o povo do deserto árido a conquistar a terra onde havia leite e mel. Antes de se tornar um conquistador, Josué:

1) Foi auxiliar de Moisés e serviu-lhe (Josué 1.1)

Não só foi o assessor pessoal, ou filho na fé de Moisés. Josué lutou as batalhas de Moisés. Impressiona na Bíblia quanto os vínculos entre líder e discípulo fazem diferença na vida de alguém.

Josué sabia que, mais do que saber manejar a espada ou fincar uma lança, os braços da cobertura espiritual que lhe estendiam poderiam conceder grandes vitórias em suas batalhas.

2) Josué não se afastava da Tenda (Êxodo 33.11).

Quando Deus se manifestava a Moisés, Josué mesmo quieto estava por perto. Além da necessidade de aprender com o relacionamento de Moisés com Deus e de reconhecer nele autoridade vinda de Deus, Josué aproveitava para ele mesmo estar mais perto de Deus.

3) Ouviu a voz de Deus e obedeceu (Josué 1.9).

"Não fui eu que ordenei a você? [...]" Quantos de nós ouvimos Deus falar conosco e fingimos não ouvir? Ou ouvimos outras vozes e não sabemos discernir se estas são ou não da boca do Eterno.

4) Animou-se com a ideia do Deus Eterno para ele e o seguiu (Jeremias 29.11).

Deus tinha um plano para Josué. Talvez não fosse o plano do próprio Josué. Isso explicaria o porquê ele ter se assustado e ficar desesperado com a morte de Moisés (aos 120 anos). Mas Deus tinha um plano de vida para ele: "Seja forte e corajoso, porque você conduzirá este povo para herdar a terra que prometi sob juramento aos seus antepassados" (Josué 1.6). Reconhecer o plano traçado de Deus para nós é fundamental.

5) Tirou as sandálias e se santificou (Josué 5.15).

Ao se encontrar com o comandante do exército de Deus, recebeu a ordem de tirar as sandálias porque o lugar que pisava era santo. A mesma ordem que Moisés recebeu (um sinal da paternidade de Moisés). E mais: determinou que o povo se santificasse das obras carnais e pecaminosas porque "amanhã o SENHOR fará maravilhas entre vocês" (3.5). Claro que a lista poderia ser maior.

Esses cinco exemplos já enriquecem a nossa vida espiritual e, com eles, poderemos não só ser chamados de conquistadores, como também declarar que toda a nossa casa servirá ao Senhor.

Gilgal

GILGAL É O NOME DE um ou mais lugares na Bíblia. É mencionado 39 vezes. Algumas dessas menções com um poderoso significado, como a descrita no livro de Josué: ao entrar na terra prometida, o povo, sob o comando de Josué, vivenciou milagres. O rio Jordão secara diante da arca, e eles passaram em segurança. Tal coisa, somada à história de diversas vitórias no deserto, sobretudo que ocorreu no Egito, levou o povo de Canaã a se amedrontar.

> Todos os reis amorreus que habitavam a oeste do Jordão e todos os reis cananeus que viviam ao longo do litoral souberam como o SENHOR tinha secado o Jordão diante dos israelitas até que tivéssemos atravessado. Por isso, desanimaram-se e perderam a coragem de enfrentar os israelitas. (Josué 5.1)

Sim, ao saberem do poder de Deus por trás e adiante daquele povo, desanimaram-se e perderam a coragem de enfrentar os israelitas. Quando os nossos inimigos espirituais percebem que é Deus quem peleja por nós, ficam sem coragem, desanimados. Eles sabem que contra Deus não há nada que se possa fazer.

Então Deus determina a Josué que a aliança entre os israelitas e seu Deus deveria ser refeita:

> Naquela ocasião o SENHOR disse a Josué: "Faça facas de pedra e circuncide os israelitas" (v. 2).

Como Deus havia dito, os homens de guerra adultos que viveram no deserto e que saíram do Egito não entrariam na terra prometida, todos morreriam durante os quarenta anos de peregrinação (v. 4). Seus filhos, agora adultos e aptos para entrar na terra, não tinham sido circuncidados no tempo oportuno (v. 5-7).

Acontece que a circuncisão da carne era o maior símbolo da aliança de Israel com Deus, pois simbolizava a sujeição da carne humana ao senhorio divino.

Portanto, era necessário que a aliança fosse renovada. E o foi. Adultos, jovens e crianças foram circuncidados. A aliança estava em voga em seus corpos mais uma vez.

> Então o SENHOR disse a Josué: "Hoje removi de vocês a humilhação sofrida no Egito". Por isso até hoje o lugar se chama Gilgal. (Josué 5.9)

Em várias ocasiões, somos chamados a renovar a aliança com Deus, sobretudo ao passarmos por desertos e "andanças" da vida, quando nos perdemos no pecado, na amargura da alma, nos pensamentos insolentes; quando nos afastamos dos preceitos da aliança em todas as facetas do nosso ser: corpo, alma e espírito.

Então Deus, por meio de Josué, nos chama a renovar a nossa aliança com ele. O nome Josué tem a mesma etimologia e pronúncia do nome Jesus. Por meio de Jesus, Deus renova constantemente a nossa aliança com ele. Assim, ele remove de nós o que vem do Egito. O apóstolo Paulo ensina em Romanos 2:

> Não é judeu quem o é apenas exteriormente, nem é circuncisão a que é meramente exterior e física. Não! Judeu é quem o é interiormente, e circuncisão é a operada no coração, pelo Espírito, e não pela Lei escrita. Para estes o louvor não provém dos homens, mas de Deus (v. 28,29).

Hoje não há necessidade da circuncisão carnal. Mas é necessária a circuncisão do coração, do espírito. Renovemos, portanto, a aliança com Deus por intermédio de Jesus. Livremo-nos da desonra do Egito. Tenhamos o nosso Gilgal constantemente.

Maus conselhos

AI ERA O NOME DA segunda cidade que o povo de Israel deveria conquistar sob o comando de Josué, nas terras de Canaã. Depois de uma magnífica vitória sobre Jericó, o que poderia dar errado? Muita coisa. A Bíblia conta essa história nos capítulos 7 e 8 do livro de Josué: "[...] os israelitas foram infiéis com relação às coisas consagradas [...]", por isso "[...] a ira do SENHOR acendeu-se contra Israel" (7.1). Aconteceu que um dos soldados de Israel chamado Acã, da tribo de Judá, em Jericó, *cobiçou* o que não era dele ou para ele, edesobedecendo a uma ordem de Deus.

Veja Josué 7.20,21:

> Acã respondeu: "É verdade que pequei contra o SENHOR, o Deus de Israel. O que fiz foi o seguinte: quando vi entre os despojos uma bela capa feita na Babilônia, dois quilos e quatrocentros gramas de prata e uma barra de ouro de seiscentos gramas, eu os cobicei e me apossei deles [...]".

Voltando ao início do capítulo, quando Josué envia espias a Ai, a fim de traçar a estratégia de guerra, recebe deles uma orientação equivocada:

> Quando voltaram a Josué, disseram: "Não é preciso que todos avancem contra Ai. Envie uns dois ou três mil homens para atacá-la. Não canse todo o exército, pois eles são poucos" (v. 3).

Dominado pelo engano, Josué atendeu à orientação de seus espias, o que resultou na fuga em massa dos israelitas diante do exército de Ai. O pecado gerou o engano, e o mau conselho gerou a derrota e a humilhação. Maus conselhos e o engano geram derrota e humilhação!

Josué se humilhou diante de Deus, que cobrou dele uma posição mais firme perante os erros:

> O SENHOR disse a Josué: "Levanta-te! Por que você está aí prostrado? Israel pecou. Violou a aliança que eu lhe ordenei [...]. Por isso os israelitas não conseguem resistir aos inimigos; fogem deles porque se tornaram merecedores da sua destruição. Não estarei mais com vocês, se não destruírem do meio de vocês o que foi consagrado à destruição" (v. 10-12).

Em pecado, seguindo maus conselhos ou no engano, *ninguém resiste a seus inimigos.*

Então Deus ordena a Josué que "santifique o povo" (v. 13). Deus revelou quem havia pecado, e esse recebeu a sentença de ser exterminado. Devemos exterminar o pecado ou mesmo a fonte que nos leva a pecar, sejam elas externas ao nosso coração, ou internas.

Depois que Josué toma as devidas atitudes, Deus envia sua palavra novamente:

> E disse o SENHOR a Josué: "Não tenha medo! Não desanime! Leve todo o exército com você e avance contra Ai. Eu entreguei nas suas mãos o rei de Ai, seu povo, sua cidade e sua terra" (8.1).

Foi o que aconteceu! Com uma estratégia certa que consistia em chamar os soldados de Ai para uma emboscada, Josué dessa vez venceu *com todo o exército*. A santificação e a obediência geram estratégias corretas e a bênção do Senhor em tudo o que fazemos.

Não cobice o que Deus não tem para você. Não deixe que o pecado e a desobediência o enganem, tampouco gerem confusão, maus conselhos e derrotas ao seu redor. Santifique-se, remova e destrua as áreas de pecado na sua vida. Busque estratégias corretas e bons conselhos. Plante para colher vitórias! Levante-se!

Disposição

DEUS TEM PROMESSAS PARA VOCÊ! E o que Deus promete ninguém, absolutamente ninguém, pode anular! Você já ouviu essa expressão algumas vezes, a ponto de ela não ter o efeito que deveria. Mas realmente a expressão é verdadeira; Deus tem promessas, planos e projetos para a sua vida, e ninguém pode anulá-los.

Você não pode anular, mas pode não alcançar. Porque alcançar é a sua responsabilidade. Permita-me fazer a ressalva de que não estou falando de salvação. A salvação é ação unilateral e monocrática de Cristo Jesus e sua maravilhosa graça. Não carece de nenhum esforço ou merecimento humanos, porque a ação de Cristo Jesus na cruz é suficiente.

Entretanto, os demais planos e projetos, que não são "dons gratuitos", exigem de nós esforço, dedicação e certa nulidade volitiva. Um exemplo fantástico é Calebe. Quando jovem, juntamente com Josué e outros dez espias, ficaram quarenta dias espiando a terra de Canaã. O relatório deles foi diferentes dos demais. Eles tiveram fé, ousadia e sobretudo confiança em Deus para obter a promessa.

Quando o povo de Israel já estava dominando a terra de Canaã, Calebe, então idoso, vai ao encontro de seu amigo de longa data, Josué, que havia sucedido Moisés, e "cobra" dele uma promessa:

> [...] "Você sabe o que o SENHOR disse a Moisés, homem de Deus, em Cades-Barneia, sobre mim e sobre você [...]. Eu, porém, fui inteiramente fiel ao SENHOR, o meu Deus. Por isso naquele dia Moisés me jurou: 'Certamente a terra em que você pisou será uma herança perpétua para você e para os seus descendentes, porquanto você foi inteiramente fiel ao SENHOR, o meu Deus'.

> Pois bem, o SENHOR manteve-me vivo, como prometeu. [...] Dê-me, pois, a região montanhosa que naquela ocasião o SENHOR me prometeu. Na época, você ficou sabendo que os enaquins lá viviam com suas cidades grandes e fortificadas; mas, se o SENHOR estiver comigo, eu os expulsarei de lá, como ele prometeu" (Josué 14.6,8-10,12).

Calebe cobrou sua promessa. Calebe não abriu mão da promessa.

Calebe se dispôs a conquistar fisicamente a promessa:

> Então Josué abençoou Calebe, filho de Jefoné, e lhe deu Hebrom por herança. Por isso, até hoje, Hebrom pertence aos descendentes de Calebe, filho do quenezeu Jefoné, pois ele foi inteiramente fiel ao SENHOR, o Deus de Israel (Josué 14.13,14).

É bom lembrar que os habitantes de Hebrom naquela época eram os descendentes de Enaque. Gigantes no tamanho e excepcionais guerreiros.

Quando tinha 85 anos, Calebe cobrou o que lhe pertencia por promessa; ele se apropriou de sua promessa (não abriu mão) e se dispôs a conquistá-la. Por fim, conquistou a promessa. Hebrom era dele e de sua descendência.

Vivemos em uma época onde impera o imediatismo. Por isso, somos uma geração de *mimados* que querem de *imediato* as coisas e, quando não as temos, ficamos emburrados. Calebe aos 85 anos dá uma lição aos "meninos" de 25, 35, 40 anos.

Enquanto alguns de 30 e 40 anos se dizem cansados e desanimados, Calebe diante de Josué (nome que possui a mesma tradução de *Yeshua*, Jesus) diz, ao reivindicar sua promessa: "[...] Por isso aqui estou hoje, com oitenta e cinco anos de idade! Ainda estou tão forte como no dia em que Moisés me enviou; tenho agora tanto vigor para ir à guerra como tinha naquela época" (Josué 14.10,11).

Deus prometeu.

Se ele prometeu, vai cumprir! Basta você tomar posse.

Estou estudando sobre o poder do desânimo faz algum tempo. Impressiona o efeito dele na vida do ser humano. O desânimo não é cansaço. É mais poderoso. O cansaço se resolve com mais facilidade: descansando.

Já o desânimo para ir embora precisa ser desprezado.

Tome posse das promessas de Deus para a sua vida. Tome posse literalmente!

Implícita, em Juízes, encontra-se uma convicção do valor de todos os tipos de dons e características humanas, uma vasta democracia de espírito, uma vez que o elenco fraco e sem valor é transformado pelo Espírito de Deus.

– Kenneth Groshois

Juízes

Mica

VOCÊ JÁ OUVIU FALAR DE MICA? Mica era um homem próspero da região de Efraim. Em Juízes 17, lemos sua história. O texto relata que, ao devolver ele um dinheiro que sua mãe achava que havia sido roubado, mas que na verdade estava com ele, ela ficou tão feliz que mandou fazer uma imagem de um ídolo, um deus pagão, para ficar na casa de Mica.

> Ora, esse homem, Mica, possuía um santuário, fez um manto sacerdotal e alguns ídolos da família e pôs um dos seus filhos como seu sacerdote. (Juízes 17.5)

Ludibriado por um "espírito de engano", achou que poderia transformar sua casa em um centro de adoração pelo deus feito por sua mãe e assim trazer, quem sabe, sorte para a família.

O engano não só nos atinge ou toma conta de nós, como também aflige toda a nossa família. Eva foi enganada e deu o fruto do engano a Adão. Com isso, a maldição foi para toda a casa, e não só para Eva, a primeira enganada por Satanás.

Como não podemos descontextualizar, é bom registrar como o povo de Israel estava vivendo naquela época. O versículo 6 nos dá uma direção: "Naquela época, não havia rei em Israel; cada um fazia o que lhe parecia certo".

Um povo sem governo fica desgovernado. Um carro ligado, caso se mova sem ninguém ao volante, fatalmente causará um tremendo acidente. Assim também é nos negócios, nos times de futebol, na igreja, em casa, na família.

Algo sem governo fica desgovernado. "Cada um fazia o que lhe parecia certo", um coro que se repete por todo o livro de Juízes.

Provérbios ensina que "Os planos fracassam por falta de conselho, mas são bem-sucedidos quando há muitos conselheiros" (Provérbios 15.22).

Sem orientação, o navio naufraga. Mas a história de Mica o complica e complica a vida de outros:

> Um jovem levita de Belém de Judá, procedente do clã de Judá, saiu daquela cidade em busca de outro lugar para morar. Em sua viagem, chegou à casa de Mica, nos montes de Efraim. Mica lhe perguntou: "De onde você vem?" "Sou levita, de Belém de Judá", respondeu ele. "Estou procurando um lugar para morar" (v. 7-9).

Na versão *Almeida Revista e Atualizada*, a Bíblia fala que o jovem levita buscava um novo lugar "para ficar onde melhor lhe parecesse". E afirmou a Mica: "Sou levita [...] e vou ficar onde melhor me parecer".

Nenhum levita pode ficar onde melhor lhe pareça. O levita tem o chamado e a vocação de ouvir e obedecer a Deus em relação ao lugar para onde ir e o que fazer. É por isso que o Diabo se esforça tanto para *enganar* os levitas. Quando um levita é enganado, o projeto de Deus na vida dele é interrompido.

> "Fique comigo", disse-lhe Mica. "Seja meu pai e sacerdote, e eu darei a você cento e vinte gramas de prata por ano, roupas e comida." (v. 10).

O jovem levita foi levado pela ânsia de poder ("seja meu pai") e ação ministerial ("e sacerdote"), mas sobretudo por dinheiro.

Mica consagrou o moço, diz a Bíblia (v. 12). Aquele rapaz jogou fora seus estudos de levita. Somente o sumo sacerdote poderia consagrar alguém como sacerdote.

O engano anda à espreita. O Diabo aproveita dos nossos momentos de independência, tristeza, dúvidas e cansaço para fazer surgir questionamentos, falsos sentimentos, amargura, e assim oferecer poder, um suposto ministério e bênçãos materiais.

Mica, bem, no final foi enganado pelo jovem enganado. O levita, que dele havia ganhado dinheiro, poder e um "cafofo" onde morar, o trocou por uma proposta melhor. A tribo de Dã convidou-o para ser sacerdote de toda a tribo, não só de uma família.

Sigamos o exemplo de Moisés que, por quarenta anos, viveu e comeu do melhor que um reino poderia oferecer em sua época. Mesmo assim, desprezou ser chamado neto do faraó, "preferindo ser maltratado", recusando o poder e o conforto, a "desfrutar os prazeres do pecado", que são transitórios (v. Hebreus 11.23-25).

Moisés teve revelação de que aquilo que o Egito tinha a oferecer era engano. Moisés recusou principalmente seu próprio coração enganoso. "Por amor de Cristo, considerou sua desonra uma riqueza maior do que os tesouros do Egito, porque contemplava a sua recompensa." (Hebreus 11.26.)

A "desonra de Cristo" pesou na vida de Moisés. Ele contemplava seu galardão.

Ele perseverou, "porque via aquele que é invisível"!

O livro de Rute trata da fidelidade de Deus
às suas próprias promessas.
– Ed Hindson

Rute

Filha da revelação

A HISTÓRIA DE RUTE E Noemi é bastante conhecida de todos. Acredito ser ela a mais importante e ilustrativa história sobre paternidade espiritual (no caso, maternidade espiritual).

Contudo, há também nessa história um aspecto interessante, se considerarmos a perspectiva de Orfa, a outra nora de Noemi. Ao decidir retornar para sua terra, Noemi começa a caminhada com suas duas filhas espirituais e noras naturais. No caminho, aconselha as duas a que voltem para a casa de seus pais e consigam um novo marido, já que elas eram viúvas tais como sua sogra:

> [...] disse-lhes Noemi: "Vão! Retornem para a casa de suas mães! Que o Senhor seja leal com vocês, como vocês foram leais com os falecidos e comigo. O Senhor conceda que cada uma de vocês encontre segurança no lar doutro marido". Então deu-lhes beijos de despedida. Mas elas começaram a chorar alto (Rute 1.8,9).

Ambas responderam que continuariam a jornada com Noemi. Mas esta insistiu, mostrando que naturalmente aquela seria a decisão correta e sensata. Prosseguir com ela seria loucura. Então Orfa decide abandonar Noemi.

Atente para o texto. Orfa era uma boa mulher, uma boa nora e uma boa filha para Noemi. Ela só decidiu abandonar a sogra depois de esta ter insistido e mostrado que deixá-la era a decisão mais sensata.

Rute, por sua vez, decidiu permanecer. Uma vez que se preocupava com Rute, Noemi insiste também com esta usando Orfa como exemplo: "[...] 'Veja, sua concunhada está voltando para o seu povo e para o seu deus. Volte com ela!' " (v. 15).

Mas Rute não era apenas nora ou filha espiritual de Noemi. Ela também era "filha" de uma *revelação espiritual* — Rute sabia, mesmo sem ver ou entender, que seu lugar era com Noemi:

> [...] "Não insistas comigo que
> te deixe
> e que não mais te
> acompanhe.
> Aonde fores irei,
> onde ficares fcarei!
> O teu povo será o meu povo
> E o teu Deus será o meu Deus!
> Onde morreres morrerei,
> e ali serei sepultada [...]" (v. 16,17).

A fidelidade de Rute foi abençoada e honrada pelo Deus fiel! Rute casou com um homem riquíssimo e honrado, Boaz, filho de Salmom e Raabe. Teve um filho e um neto, que gerou um bisneto ilustre, Davi. Este, por sua vez, recebeu de Deus a honra de ser o progenitor da descendência natural do Messias: Jesus.

A fidelidade de Rute a Noemi, sua mãe espiritual, gerou reis e fez parte da ascendência de Jesus.

Orfa voltou para Moabe. Moabe foi amaldiçoada por Deus e destinada à destruição. Nem sempre o caminho mais sensato é o que devemos tomar. O caminho que leva para a vida eterna é estreito, não largo.

Fé e obediência fazem parte do mesmo pacote.
– C. H. Spurgeon

1Samuel

Samuel e Eli

NO COMEÇO DO PRIMEIRO LIVRO de Samuel, a Bíblia relata no capítulo 3: “O menino Samuel ministrava perante o SENHOR, sob a direção de Eli [...]”. Submisso ao líder, mesmo decadente, Samuel servia ao Senhor, mas “naqueles dias raramente o SENHOR falava, e as visões não eram frequentes” (v. 1).

A decadência de Eli, sobretudo sua falta de reverência às coisas de Deus e sua permissividade para com o pecado de seus filhos, é retratada com total falta de visão literal e espiritual: “Certa noite, Eli, cujos olhos estavam ficando tão fracos que já não conseguia mais enxergar, estava deitado em seu lugar de costume” (v. 2).

Eli estava *acostumado* com a falta de visão e de iniciativa. A falta de visão e a falta de iniciativa se sentem à vontade e nos fazem ficar deitados e passivos. Enquanto isso, Samuel ficava diante da “lâmpada de Deus”, “deitado no santuário do SENHOR, onde se encontrava a arca de Deus” (v. 3).

Foi no contexto de um líder decadente, sem visão e iniciativa, e prostrado, que Deus chamou um menino (v. 4). Contudo, havia um problema.

Primeiro, Samuel servia ao Senhor religiosamente, mas ainda não havia tido experiência com Deus. Conhecia os preceitos, estudava e agia como deveria, mas não era algo revelador, e sim mecânico: “Ora, Samuel ainda não conhecia o SENHOR. A palavra do SENHOR ainda não lhe havia sido revelada” (v. 7). Faltava revelação a Samuel. E a Eli também. Além de não ter visão, Eli também não tinha revelação.

Samuel ouviu a voz de Deus e por três vezes foi em direção a Eli, achando que o “mestre” o tinha chamado. Eli só percebeu que havia algo especial na terceira vez. "Percebeu" é o termo certo: "O SENHOR chamou Samuel pela terceira vez. Ele se levantou, foi até Eli e disse: 'Estou aqui; o senhor me chamou?' Eli percebeu que o SENHOR estava chamando o menino" (v. 8).

Há diferença entre perceber e ter revelação; entre saber e sentir; entre teoria e prática.

A teoria só tem importância quando a prática é vivenciada. Eli sabia, mas não vivia, nem entendia ou sentia; teorizava, mas não enxergava.

"O SENHOR voltou a chamá-lo como nas outras vezes: 'Samuel, Samuel!' Samuel disse: 'Fala, pois o teu servo está ouvindo' ". (v. 10). Em outras traduções, esse texto também é surpreendente: "Então veio o SENHOR, e pôs-se ali, e chamou como das outras vezes: Samuel, Samuel". E disse Samuel: "Fala, porque o teu servo ouve". Deus veio e se apresentou com sua santa e majestosa presença a Samuel.

A revelação é algo ofertado apenas por Deus. O pastor pode ensinar você a perceber, assim como pode dar todas as ferramentas necessárias para você entender e buscar. A revelação, porém, só pode ser dada pelo Espírito Santo de Deus. A consequência foi que, a partir desse momento, um sacerdote/ profeta/ líder surgiu em Israel com visão, revelação e iniciativa.

O calcanhar de Samuel

EM 1SAMUEL 8, O POVO de Israel procura Samuel para que este intermediasse um pedido deles a Deus. Eles queriam um rei, pois queriam ser "como todas as outras nações" (v. 20). Samuel não gostou da conversa, mas provavelmente, pressionado pelo povo, atendeu ao pedido.

A resposta de Deus foi forte: "E o SENHOR lhe respondeu: '[...] Atenda a tudo o que o povo está pedindo; não foi a você que rejeitaram; foi a mim que rejeitaram como rei' " (1Samuel 8.7). Tal pedido era uma rejeição não ao profeta, mas ao próprio Deus, que queria do povo de Israel a liberdade de servir somente a ele, de ser governado apenas por ele, sem intermediário.

Vejo duas coisas importantes nesse texto, que devemos considerar. Por que Samuel, um homem a quem Deus atendia, um homem que de fato representou Deus, correto, íntegro, culto e poderoso, deixou ser pressionado pelo povo?

Porque o povo conhecia o "calcanhar de aquiles" de Samuel: seus filhos! Veja:

> Mas os filhos dele não andaram em seus caminhos. Eles se tornaram gananciosos, aceitavam suborno e pervertiam a justiça. Por isso todas as autoridades de Israel reuniram-se e foram falar com Samuel, em Ramá. E disseram-lhe: "Tu já estás idoso, e teus filhos não andam em teus caminhos; escolhe agora um rei para que nos lidere, à semelhança das outras nações" (1Samuel 8.3-5).

Em algum lugar, houve um erro. Samuel viajava muito. Passava o ano entre Betel, Gilgal, Mispá e Ramá (cf. 7.16). Tinha um povo gigantesco para administrar e julgar, e na época não havia recursos como internet, telefone etc.

Nenhum ministério, carreira profissional ou sucesso espiritual justificam perder a família ou cometer erros desse tipo com ela. Criar bem os filhos, no caminho do Senhor, além de ser correto e bênção, pode livrar os nossos pés de cair em uma armadilha no futuro.

Somente caímos nas armadilhas que não conhecemos. Mesmo sem querer, quem cava uma cova cairá nela; quem cava um poço cairá nele (cf. Provérbios 26.27; Eclesiastes 10.8).

Outro ensinamento que vejo é que não podemos, dada a nossa obstinação, contrariar a vontade de Deus. Quando contrariamos a vontade de Deus, estamos rejeitando o próprio Deus. Deus não compartilha sua vontade. A vontade de Deus é a própria expressão de Deus. O povo insistiu, e Samuel, pressionado, aceitou.

Deus se sentiu rejeitado. Saul foi produzido. Por fim, quando rejeitamos a vontade de Deus, somos acometidos de duas patologias espirituais perigosíssimas: cegueira e falta de percepção. Nos versículos 10-18, Samuel retrata como seria a vida do povo com um rei. O direito do rei humano sobre o povo seria praticamente de escravidão. Samuel diz: "Naquele dia, vocês clamarão por causa do rei que vocês mesmos escolheram, e o SENHOR não os ouvirá" (1Samuel 8.18), consequências de uma escolha para imitar as "outras nações". Consequências de uma escolha baseada na obstinação e pressão no líder por seus defeitos. Consequências de uma escolha feita cegamente e sem percepção espiritual.

Somos livres para fazer as nossas escolhas, mas escravos de suas consequências.

Carinho ou consagração

EM 1SAMUEL 10, SAMUEL UNGE Saul segundo as orientações divinas e os costumes israelitas. Já em 1Samuel 16, ele faz o mesmo com Davi. Há apenas uma diferença: quando Samuel unge Saul, ele o beija. Com Davi, ele se resume aos atos cerimoniais.

Samuel amava Saul. Seu coração se entristece quando Deus rejeita Saul: "[...] 'Até quando você irá se entristecer por causa de Saul? Eu o rejeitei como rei de Israel [...]' " (16.1), disse Deus sobre Saul a Samuel.

Já com Davi, não havia essa proximidade, o que não fez nenhuma diferença para Deus. Deus se importava com o coração e a consagração de cada um. Também não interessou ao profeta, que, mesmo entristecido, desanimado e muito contrariado, obedeceu a Deus, confrontou Saul e ungiu Davi, mesmo sem o beijo.

O que somos hoje é fruto do que semeamos no passado. O que seremos no futuro é o que semeamos hoje.

E o carinho do profeta? O efeito só tem sentido se Deus está com o emissor do carinho. O que vale é a consagração. Com beijo ou sem beijo, o que importa é a unção.

Validando o serviço

DEUS ORDENA, POR MEIO DE SAMUEL, de Saul e do exército de Israel, destruir os amalequitas. Não devia sobrar ninguém; deveriam matar todas as pessoas, bem como os animais. No entanto, Saul preservou os animais e o rei dos amalequitas, pois queria exibi-los diante do povo. Samuel, profeta, confrontou Saul, que prontamente respondeu que os animais eram para ser sacrificados diante de Deus. A resposta de Samuel foi pesada e veio direto do Senhor:

> [...] "Acaso tem o SENHOR tanto prazer em holocaustos e em sacrifícios quanto em que se obedeça à sua palavra? A obediência é melhor do que o sacrifício, e a submissão é melhor do que a gordura de carneiros. Pois a rebeldia é como o pecado da feitiçaria; a arrogância, como o mal da idolatria. Assim como você rejeitou a palavra do SENHOR, ele o rejeitou como rei" (1Samuel 15.22,23).

O texto acima é autoexplicativo, mas deixe-me chamar a sua atenção para uma afirmação clara: o seu serviço não terá validade se não houver obediência. Anteriormente, Deus, por meio de Samuel, afirmava: "[...] 'Embora pequeno aos seus próprios olhos, você não se tornou o líder das tribos de Israel? O SENHOR o ungiu como rei sobre Israel' " (1Samuel 15.17).

Reconheça o seu tamanho diante de Deus e dos homens. Seja grato. Sempre!

Amizade

> Depois dessa conversa de Davi com Saul, surgiu tão grande amizade entre Jônatas e Davi que Jônatas tornou-se o seu melhor amigo. Daquele dia em diante, Saul manteve Davi consigo e não o deixou voltar à casa de seu pai. E Jônatas fez um acordo de amizade com Davi, pois se tornara o seu melhor amigo. Jônatas tirou o manto que estava vestindo e o deu a Davi, com sua túnica, e até sua espada, seu arco e seu cinturão". (1Samuel 18.1-4)

NA AMIZADE MAIS FAMOSA DA Bíblia, entre dois grandes guerreiros, aprendemos valores sobre a amizade verdadeira. Jônatas deu a Davi:

- Sua túnica

A túnica era a vestimenta mais usada na época. Cobria praticamente todo o corpo. Geralmente era de cor clara, devido ao sol forte e do calor que fazia na época (já que as guerras em Israel aconteciam durante a primavera e o verão).

Claro que Davi tinha suas túnicas, mas Jônatas ofereceu a dele, diferenciada das demais, por ser da realeza. Jônatas ofereceu a Davi cobertura e nivelamento.

A verdadeira amizade é aquela que cobre espiritualmente e, se necessário, emocionalmente o outro contra os eventos naturais e espirituais. Principalmente, não rebaixa o outro; pelo contrário, eleva-o para torná-lo igual.

- Sua espada e seu arco

A espada e o arco significavam proteção e defesa. Vivemos em uma guerra espiritual e precisamos de guerreiros que a lutem conosco. Os verdadeiros amigos são aqueles que estão dispostos a ceder suas armas e sacar seus arcos para lutar as nossas guerras em Deus.

- Seu cinturão

O cinturão do guerreiro não servia apenas para amarrar a cintura. Nele, havia espaço para o coldre da espada, um estojo para guardar pequenos alimentos, local para cantil de água etc. Tem a ver com suprimento. O amigo leal busca suprir, dentro de suas possibilidades, as reais necessidades do outro amigo. Mas tudo isso é feito segundo a vontade de Deus, segundo a Palavra. O livro de Provérbios é rico em textos que falam sobre amizade.

Amigo é aquele que fala a verdade, principalmente quando o outro não quer ouvir ou não consegue vê-la. O amigo verdadeiro não encobre o erro; pelo contrário, incentiva o acerto. E oferece ajuda, mesmo quando o amigo não quer ser ajudado. O amigo verdadeiro é aquele que chora quando o amigo está chorando e se alegra quando o amigo está feliz.

O amigo verdadeiro faz tudo que lhe for possível para impedir que o outro amigo "morra" espiritualmente. Mas, se não o consegue, deve deixá-lo para não perecer com ele.

Lembre-se de que o melhor amigo de todos se entregou à morte, propiciando-nos vida, para que nós hoje, além de Senhor, possamos chamá-lo também de Amigo, melhor amigo:

> "Ninguém tem maior amor do que aquele que dá a sua vida pelos seus amigos. Vocês serão meus amigos, se fizerem o que eu ordeno. Já não os chamo servos, porque o servo não sabe o que o seu senhor faz. Em vez disso, eu os tenho chamado amigos, porque tudo o que ouvi de meu Pai eu tornei conhecido a vocês" (João 15.13-15).

Não há outra melhor

QUANDO DAVI FUGIA DE SAUL pela primeira vez, ele foi a Samuel e depois a Aimeleque, o sumo sacerdote daquela época (1Samuel 19.18; 21), o que, por si só, já demonstra a diferença dele de Saul. Saul não queria saber dos profetas, dos homens de Deus, já Davi, em meio à tribulação, procurou abrigo debaixo do profeta e do sacerdote.

Em Nobe, onde se encontrou com Aimeleque, após comer o pão sagrado, o que poderia ser interpretado como profano, mas pela graça não o foi, perguntou: "[...] 'Você tem uma lança ou uma espada aqui? [...]' " (1Samuel 21.8).

> "O sacerdote respondeu: 'A espada de Golias, o filisteu que você matou no vale de Elá, está enrolada num pano atrás do colete sacerdotal. Se quiser, pegue-a; não há nenhuma outra espada'. Davi disse: 'Não há outra melhor; dê-me essa espada' " (v. 9).

Quando derrotamos os gigantes que se levantam e nos enfrentam na vida, não só aprendemos como derrotá-los novamente, se necessário, mas também a DOMINAR *as armas* que eles usam.

"Não há outra melhor", disse o guerreiro Davi. Pense nisso!

Deus da guerra

EM 1SAMUEL 23, A BÍBLIA conta a história do ataque dos filisteus a Queila, uma cidade nas encostas das montanhas, daí o seu nome, que significa "cercada", grande produtora de cereais na Antiguidade.

> Quando disseram a Davi que os filisteus estavam atacando a cidade de Queila e saqueando as eiras, ele perguntou ao Senhor: "Devo atacar esses filisteus?" O Senhor lhe respondeu: "Vá, ataque os filisteus e liberte Queila". (v. 1,2)

A versão *King James*, tradução mais literal do original, diz no versículo 1 que os filisteus saqueavam "o trigo que havia sido recolhido recentemente". Tanto o termo "cereal" quanto "trigo" têm, na Bíblia, o sentido de bênçãos naturais. Prosperidade. Os filisteus estavam roubando a prosperidade de Queila e do povo de Israel, já que esta produzia o grão para todo o território.

> Os soldados de Davi, porém, lhe disseram: "Aqui em Judá estamos com medo. Quanto mais, se formos a Queila lutar contra as tropas dos filisteus!" (v. 3)

Contudo, os soldados de Davi ficaram com medo. Enfrentar o inimigo tão próximo da fronteira, com o exército filisteu tão perto, parecia uma missão extremamente difícil. Muitas vezes, não conseguimos ter a prosperidade que o Senhor planejou para nós por causa do nosso medo de agir, por não sermos audaciosos, estrategistas e dinâmicos como deveríamos. Ficamos paralisados pelo medo.

Mais ainda, não fazemos nada para impedir que os filisteus roubem a nossa prosperidade. Eles estavam saqueando os grãos de Queila, e o rei Saul não fez nada.

> Davi consultou o SENHOR novamente. "Levante-se", disse o SENHOR, "vá à cidade de Queila, pois estou entregando os filisteus em suas mãos". Então Davi e seus homens foram a Queila, combateram os filisteus e se apoderaram de seus rebanhos, impondo-lhes grande derrota e libertando o povo daquela cidade. (1Samuel 23.4,5)

Ao perguntar ao Senhor sua vontade, Davi recebeu dele a direção para guerrear. Diante dos inimigos, a direção de Deus é guerra. Ele é o Senhor da guerra, General das batalhas, sempre vai incentivar você para a batalha. Até porque só há vitória com batalhas. Com ele no comando, o processo pode ser até difícil, mas a vitória é garantida.

O versículo 6 traz o segredo: "Ora, Abiatar, filho de Aimeleque, tinha levado o colete sacerdotal quando fugiu para se juntar a Davi, em Queila".

Davi estava debaixo da cobertura espiritual do sacerdote. Abiatar estava com ele na batalha, intercedendo, profetizando.

Abiatar usava o colete sacerdotal, símbolo da autoridade sacerdotal. A versão *King James* diz que ele portava o *éfode*, objeto que os sacerdotes usavam para falar com Deus.

Davi venceu a guerra por sua prosperidade porque consultou a Deus, venceu o medo e foi para a batalha debaixo da intercessão e cobertura sacerdotal.

Guerras que não são nossas

Uma das passagens que mais gosto de ministrar à igreja é a história de como Davi resgatou sua família e seus homens e se vingou do ataque dos amalequitas na cidade onde viviam: Ziclaque.

Os amalequitas eram um povo nômade e maligno. Faziam atrocidades com seus conquistados, escravizavam as crianças e abusavam das mulheres. Atacavam sorrateiramente, e não eram honrados na guerra.

Acredita-se que eles espionaram Davi e seus homens em Ziclaque a distância por muito tempo. Só atacaram quando perceberam que o exército de Davi (cerca de 600 homens) havia se distanciado por um bom tempo e com uma boa distância. Nessa época, Ziclaque ainda fazia parte do território filisteu, e, para viver ali, Davi tinha que servir aos filisteus, atacando seus inimigos, uma espécie de "mercenários contratados".

A Bíblia conta em 1Samuel 29 que os filisteus partiram para atacar os israelitas comandados na época por Saul. Davi foi convocado pelo rei filisteu para cerrar fileiras. Por algum motivo que desconhecemos, Davi aceitou. O rei dos filisteus, Aquis, usava isso como estratégia para confundir o exército de Israel e se firmar entre os demais príncipes dos filisteus.

Eis aonde quero chegar: Ziclaque só foi atacada quando Davi saiu para travar uma guerra que não era dele, da qual jamais deveria participar. Tanto é que Deus, em sua infinita misericórdia, possibilita um escape a Davi e seus homens para que estes não participassem da guerra; ou seja, os príncipes dos filisteus não aceitaram, desconfiados de Davi.

Quando Davi volta, os amalequitas haviam sequestrado seus parentes, levado seus pertences e queimado suas casas.

Não podemos entrar em guerras que não são nossas. Não podemos partir para a batalha sem a bênção ou a autorização de Deus. Não devemos lutar em guerras que não sejam do Senhor, de sua vontade, sob pena de sofrermos uma severa consequência: ao partirmos para batalhas que não são para nós, descuidamo-nos e não protegemos a nossa própria casa como deveríamos.

Valem as máximas bíblicas do próprio Davi:

> Se o SENHOR não estivesse do nosso lado; que Israel o repita: Se o SENHOR não estivesse do nosso lado quando os inimigos nos atacaram, eles já nos teriam engolido vivos, quando se enfureceram contra nós (Salmos 124.1-3).

> Se não for o SENHOR o construtor da casa, será inútil trabalhar na construção. Se não é o SENHOR que vigia a cidade, será inútil a sentinela montar guarda" (Salmos 127.1).

Triunfo e tragédia são as duas palavras
que melhor descrevem o conteúdo dos livros de Samuel.
— John Daves

2Samuel

Hirão

EM 2SAMUEL 5, A BÍBLIA conta que, depois de tantas lutas, Davi finalmente se tornou rei sobre todo o Israel:

> Então todas as autoridades de Israel foram ao encontro do rei Davi em Hebrom; o rei fez um acordo com eles em Hebrom perante o SENHOR, e eles ungiram Davi rei de Israel. Davi tinha trinta anos de idade quando começou a reinar, e reinou durante quarenta anos (v. 3,4).

Para consolidar seu reinado, Davi determinou-se a conquistar a cidade mais central da região de Israel, que, pouco tempo depois, passou a se chamar Jerusalém: "mas Davi conquistou a fortaleza de Sião, que veio a ser a Cidade de Davi" (v. 7).

Depois de fugir pelo deserto, de se esconder em cavernas, de debandar para o lado dos inimigos numa estratégia de sobrevivência e de tanto sofrer nas mãos de Saul (não é à toa que Saul era sogro de Davi!), Davi se torna rei. Depois de se tornar rei, conquista a fortaleza de Sião.

Então Hirão, rei de Tiro, envia presentes a Davi: "Pouco depois Hirão, rei de Tiro, enviou a Davi uma delegação, que trouxe toras de cedro e também carpinteiros e pedreiros que construíram um palácio para Davi" (v. 11).

A continuação é poderosa: "Então Davi teve certeza de que o SENHOR o confirmara como rei de Israel e que seu reino estava prosperando por amor de Israel, o seu povo" (v. 12). Não foram a morte de Saul, a unção de todo o povo ou a conquista de Jerusalém que trouxeram certeza ao coração de Davi de que Deus havia confirmado seu reinado, mas, sim, foi o reconhecimento de Hirão.

Hirão foi usado por Deus para mostrar a Davi que o projeto de Deus sobre a vida de Davi estava se consolidando. Deus havia confirmado.

Há muitos homens e mulheres espalhados pelo mundo para os quais Deus tem projetos especiais. Começam a executá-los da única forma que conhecemos: dizendo sim ao chamado por meio da fé.

É claro que dizer sim ao chamado e pôr a fé em ação não é fácil. Então Deus levanta Hirão, para que, por meio de seu reconhecimento natural, venha sobre o líder o reconhecimento espiritual.

Seja um Hirão na vida de alguém. Com seu jeito de ser, expressão e até mesmo oração, Deus pode usar você para confirmar algo especial na vida de alguém.

O golpe de Absalão

ABSALÃO ALMEJAVA O TRONO DE seu pai. A Bíblia sempre revelou que ele tinha um coração rebelde que havia sido dominado pelo desejo de poder e cegado pela rebeldia.

Quando o cafajeste de seu meio-irmão mais velho Amnom estuprou (o termo mais correto) sua irmã Tamar, Absalão viu ali uma oportunidade.

Observe que, ao tramar o assassinato de Amnom, ele queria que Davi e toda a corte, não apenas seus irmãos, fossem ao "jantar" que ele promoveria (cf. 2Samuel 13.23-25).

Davi recusou porque achou que, levando a corte e seus filhos, ficaria extremamente dispendioso para Absalão. Na verdade, era a providência divina.

Então Absalão recorreu ao que seria o plano B. Convenceu Davi de liberar Amnom que, como príncipe herdeiro, tinha mais "direitos" que os demais (basta analisar como foi tratado pela corte quando se fingiu doente).

Jonadabe, o astuto sobrinho do rei, comunicou ao rei o intento de vingança de Absalão contra Amnom. Mas observemos que é a mesma pessoa que diz ao rei que seus filhos não haviam morrido, apenas Amnom. Não interessava a Absalão matar os demais filhos do rei. Eles eram os ministros, os juízes, os governadores setoriais do rei. Absalão precisaria deles em um possível futuro reinado.

Portanto, Absalão aproveitou-se de um motivo justo para se tornar o primeiro na linha sucessória e assim fazer um levante contra o rei no futuro, tornando-se seu sucessor natural.

Moral da história: Um coração rebelde sempre dá sinais de sua rebeldia, mesmo não agindo em plena rebeldia. Como servo do Diabo, o verdadeiro rebelde age astutamente como seu mestre, primeiro roubando o coração dos liderados, depois mostrando as falhas do líder e, no momento oportuno, dando o bote.

Ter o que denomino espírito de Absalão é um perigo, porque não só leva a pessoa por ele controlada como também arrasta boa parte dos que são influenciados por sua rebeldia.

O perigo da vaidade

SEMPRE TIVE COMIGO QUE QUEM é extremamente vaidoso corre o risco de ser facilmente enganado. O vaidoso é apaixonado por si mesmo, literalmente "se acha". Quando passa dos limites normais e aceitáveis, pode ser prejudicial a ele próprio. Qualquer elogio será porta para um grande engano.

Vejamos um exemplo bíblico. Joabe, comandante do exército de seu tio Davi, era um homem astuto. Vendo que Davi estava ficando mais velho e que seu coração ainda se voltava a fazer de Absalão rei, mesmo depois de este tentar matar o próprio irmão, decerto pensou e tramou trazê-lo de volta à corte, já que este havia recebido o castigo de ser banido do território israelita.

Por isso, Joabe trouxe uma mulher astuta e boa "atriz", para fazer uma encenação diante de Davi (2Samuel 14). Ela contou uma história fictícia de dois filhos dela que, ao brigarem, um acabou matando o outro, e, por causa disso, os parentes queriam vingança.

Davi acreditou nela, não por causa da "lorota" contada, mas porque ela o elogiou.

Foi uma tremenda bajuladora, aproveitando-se da vaidade de Davi.

Davi era o homem mais poderoso da terra, um verdadeiro sucesso entre as mulheres, bonitão, malhado, elegante, próspero, rico, destemido, homem de Deus etc. Além disso, era poeta e cantor. Tinha tudo para se envaidecer.

Por isso caiu no conto do vigário, ou melhor, gostou dos elogios de Joabe por meio da mulher. Veja o que ela disse: "[...] 'Ó rei, meu senhor, é sobre mim e sobre a família de meu pai que pesará a iniquidade; não pesa culpa sobre o rei sobre o seu trono' " (v. 9);

"[...] pois o rei, meu senhor, é como um anjo de Deus" (v. 17); "[...] Mas o meu senhor é sábio como um anjo de Deus, e nada lhe escapa de tudo o que acontece no país" (v. 20).

Desse modo, Davi foi enganado pela atriz tecoíta e seu mentor, o astuto Joabe. Davi determina que Absalão volte ao reino.

Depois de dois anos morando em Jerusalém, mas sem ainda ter voltado à sua posição, Absalão arma com Joabe uma forma de voltar à corte e consegue. Durante os quatro anos seguintes, Absalão atuou para "roubar o coração" dos servos de Davi e fazer uma grande rebelião que fez o rei sair correndo de Jerusalém com medo do próprio filho.

Você pode ser vaidoso, mas dentro dos limites da razoabilidade. Enquanto você controla a vaidade e a mantém em padrões toleráveis, não fará mal a você (um bom corte de cabelo, queimar as gorduras localizadas, estudar para se destacar etc.). Mas, quando a vaidade começar a controlar você (não posso ficar feio; tenho que ser melhor do que outros; sou o bom e ninguém pode falar assim comigo), será um grande problema.

Quando a vaidade nos controla, estamos suscetíveis mais facilmente ao engano por meio dos elogios. Quando o engano começa a tomar o controle, abre a porta para o espírito de Absalão agir em seu "reino pessoal" (coração, casa, negócios etc.). O espírito de Absalão é capaz de destruir ministérios. Por isso, seja vaidoso, mas na medida em que o engano não consiga penetrar o seu coração.

Há pelo menos dois sinais da vaidade excessiva: quando alguém se acha melhor do que os outros em tudo ou praticamente tudo e quando deixamos de ter um coração passível de ser ensinado.

Relacionamento

EM 2SAMUEL 23, INICIA-SE O registro dos últimos momentos da vida de Davi de uma forma didática e pedagógica.

Falo isso porque o texto começa com uma expressão forte de Davi afirmando: "O Espírito do SENHOR fala por meu intermédio [...]" (v. 2). Poucas vezes vemos Davi, fora do livro de Salmos, falar com tanta autoridade, não como rei ou sacerdote, mas como profeta.

O paralelo interessante aparece no decorrer do texto. Perceba que, a partir do versículo 8, o autor faz registro dos chamados valentes, ou principais guerreiros, de Davi, a maravilhosa, competente e leal equipe que Davi teve ao longo dos anos. Um séquito de fazer inveja a grandes governantes ao longo da história da humanidade.

Entretanto, versículos 6 e 7 de 2Samuel 23, ainda na mensagem profética de Davi, chamada de últimas palavras do rei, ele ensina:

> "Mas os perversos serão lançados fora como espinhos, que não se juntam com as mãos;
>
> quem quer tocá-los usa uma ferramenta ou o cabo de madeira da lança. Os espinhos serão totalmente queimados onde estiverem".

Temos um paralelo extraordinário de relacionamentos: de um lado, a Bíblia registra os guerreiros de Davi; de outro, na mensagem profética Davi fala sobre "os perversos". Na versão *Almeida Revista e Atualizada*, a expressão do texto é bem mais forte: "filhos de Belial", ou seja, pessoas que são filhas do inferno, do Diabo, influenciadas pelo mundo.

Devemos tomar cuidado com os nossos relacionamentos. Sejam verdadeiras amizades, amigos, ou colegas de trabalho, sejam do futebol ou de ambientes virtuais. Não há distinção. Qualquer relacionamento, por menor que seja, nos influenciará de alguma forma.

No entanto, os "filhos de Belial", ou ímpios, segundo o texto, não podem ser tocados com as mãos, caso alguém queira ter o sucesso que teve Davi.

Mas e se for necessário? Quando trabalhamos com pessoas com essa índole, não podemos evitá-las. O que fazer? Davi diz profeticamente: "[...] 'sua palavra (de Deus) esteve em minha língua' " (v. 2).

O versículos 7: "quem quer tocá-los usa uma ferramenta ou o cabo de madeira da lança. Os espinhos serão totalmente queimados onde estiverem".

Ou seja, a pessoa precavida, ao ser obrigada a se relacionar com eles, não por vontade própria, deve usar a proteção necessária. A *Nova Versão Internacional* menciona o uso de "ferramentas". E, se existe vontade pessoal em interagir com os filhos do mundo, *o problema está em você*, não no mundo. Proteger o coração, a alma, os ouvidos, a boca, o corpo, o espírito e principalmente a mente, sob pena de sermos queimados com eles: "[...] Os espinhos serão totalmente queimados onde estiverem" (v. 7).

Não seja estúpido. Não seja burro. Não há amizade entre a luz e as trevas. E, caso seja necessário haver, pelo menos devemos ter a sabedoria de não nos envolver se o nosso coração não estiver totalmente no Senhor e em suas coisas.

A história dos livros de Reis não se destina a ser
um retrato completo e exaustivo do período,
mas uma seleção feita para ilustrar
o controle geral de Deus sobre a História
— Donald J. Wiseman

1 e 2Reis

Hebrom

[Davi] reinou quarenta anos em Israel: sete anos em Hebrom e trinta e três em Jerusalém.
—1 Reis 2.11

DAVI REINOU POR QUARENTA ANOS, divididos em dois períodos: sete anos em Hebrom e trinta e três anos em Jerusalém, após sua conquista definitiva, onde se tornou um governante extremamente próspero, invejado e famoso no mundo inteiro.

Hebrom, cidade construída em volta do monte Hebrom, tem um significado espiritual muito forte. Foi uma cidade destinada aos sacerdotes e designada como cidade de refúgio. O monte Hebrom, significava o monte do concerto, da aliança, da amizade com Deus!

Antes de governar Jerusalém, precisamos governar o nosso acordo, permitir que o Espírito Santo ponha em ordem o que está errado em nós, levando-nos a uma verdadeira aliança com ele.

Antes de sermos destinados àquilo que Deus nos reservou em vida, ele nos levará a corrigir-nos diante dele. Temos que avaliar o que está errado na nossa aliança com ele para sermos corrigidos.

Você sabe com quem está falando?

QUANDO SALOMÃO ASSUMIU O REINADO do pai, foi até a região de Gibeom, onde o povo naquela época fazia os sacrifícios de adoração a Deus, já que o templo ainda não havia sido construído.

Salomão era o filho da misericórdia de Deus, a prova de que Deus pode transformar algo que começou em pecado em bênção. Ele era filho de Davi com Bate-Seba, viúva de Urias.

Salomão começou bem seu reinado. "Salomão amava o SENHOR, o que demonstrava andando de acordo com os decretos do seu pai Davi [...]" (1Reis 3.3); e naquele dia em Gibeom fez uma oferta significativa, entregou "naquele altar mil holocaustos" (v. 4).

Então Salomão pegou no sono e sonhou: "Em Gibeom o SENHOR apareceu a Salomão num sonho, à noite, e lhe disse: 'Peça-me o que quiser, e eu darei a você' " (v. 5).

Que grande oportunidade! Deus, O Todo-poderoso, dá a Salomão o direito de fazer um pedido, uma escolha; qualquer que fosse esse pedido, Deus o realizaria!

Se você estivesse no lugar de Salomão, o que sinceramente pediria?

Pagar as dívidas que tenazmente nos assediam? Um casamento melhor? Um emprego melhor? Um salário melhor? Um ministério melhor? Um cônjuge mais atraente? Um corpo mais sarado?

Salomão, depois de fazer um relato de quem foi Deus para Davi, seu pai (v. 6), provando que *sabia com quem estava falando*, reconhece sua insignificância ao dizer: "[...] não passo de uma criança, não sei como conduzir-me" (v. 7, *Almeida Revista e Atualizada*). Além disso, reconhece o problema em que se meteu: "[...] povo tão grande que nem se pode contar" (v. 8).

Recapitulando:

- Salomão sabia que estava diante de Deus;
- diante de Deus reconhece sua insignificância;
- diante de Deus reconhece seus problemas.

E responde:

" 'Dá-me sabedoria e conhecimento, para que eu possa liderar esta nação, pois quem pode governar este teu grande povo?' " (v. 10). O pedido que Salomão fez agradou ao Senhor. Por isso, Deus lhe disse:

> Já que este é o desejo de seu coração e você não pediu riquezas, nem bens, nem honra, nem a morte dos seus inimigos, nem vida longa, mas sabedoria e conhecimento para governar o meu povo, sobre o qual o fiz rei, você receberá o que pediu, mas também lhe darei riquezas, bens e honra, como nenhum rei antes de você teve e nenhum depois de você terá". (v. 11,12).

Salomão mexeu com Deus ao responder-lhe exatamente o que ele queria ouvir. Em quase todos os milagres, mesmo aqueles mais óbvios, Jesus perguntava aos doentes o que eles queriam receber dele. Deus nos pergunta o que queremos dele. A nossa resposta determinará muita coisa no nosso futuro. *Buscar a vontade de Deus é a melhor resposta.*

> "[...] mas também lhe darei riquezas, bens e honra, como nenhum rei antes de você teve e nenhum depois de você terá" (v. 12).

Muitas vezes, somos infelizes e não alcançamos a bênção de Deus porque insistimos nas respostas erradas. Podemos até pedir e receber, mas devemos saber que *todas as respostas de Deus têm o tempo e o modo adequados* (Eclesiastes 3). Romper esse "tempo" e "modo" pode apagar o brilho ou a própria bênção da resposta.

Salomão foi o homem mais sábio de seu tempo. Também o mais famoso. O mais próspero. O mais rico. Tudo porque soube responder a Deus corretamente.

Ouvir a experiência

A LIÇÃO DE ROBOÃO PARA líderes e candidatos a líderes, tanto na igreja como na política ou no meio empresarial é algo interessante.

Roboão, filho e sucessor de Salomão, herdou de seu pai um reino muito rico. E, para manter aquela megaestrutura, cobrava altos impostos e taxas de seus súditos.

Até que um grande líder popular, carismático e guerreiro (e que havia recebido uma palavra profética), chamado Jeroboão, foi, ao lado dos principais líderes de Israel, conversar com o novo rei, pedindo que este diminuísse a cobrança de impostos e taxas.

Jeroboão, conhecedor da casa de Salomão, estava evidentemente usando de esperteza, mas não de inteligência, algo que o filho do "homem mais sábio do mundo" não tinha.

A Bíblia conta que Roboão consultou dois grupos distintos. Os mais jovens, que com o advento de seu reinado também subiram ao poder, e o grupo de conselheiros mais velhos e idosos, que tinham servido a seu pai.

Os mais jovens — no rompante que é peculiar à juventude — orientaram Roboão a que mostrasse sua força, vitalidade e controle sobre o povo.

Já os mais velhos aconselharam algo muito distinto:

> O rei Roboão perguntou às autoridades que haviam servido ao seu pai, Salomão, durante a vida dele: "Como vocês me aconselham a responder a este povo?" Eles responderam: "Se hoje fores um servo deste povo e servi-lo, dando-lhe uma resposta favorável, eles sempre serão teus servos" (1Reis 12.6,7).

No entanto, Roboão preferiu dar ouvidos aos jovens e perdeu mais da metade de seu reino.

Algumas lições aprendemos com essa história verdadeira, que repercute histórica, espiritual e didaticamente até hoje:

- Ouvir a experiência, não necessariamente de idade, pode fazer uma grande diferença.
- Controlar as atitudes irrefletidas e a ansiedade da inexperiência pode causar estragos.
- Demonstrar força, quando não se tem o coração do povo, é sinal de fraqueza.

E a grande lição se resume à máxima bíblica e da vida: *Sirva a esse povo hoje que eles o servirão depois.*

Caso pensado

VOCÊ CERTAMENTE CONHECE A HISTÓRIA de Elias e da viúva de Sarepta, de como Deus multiplicou a farinha e o azeite dessa mulher, tornando sua vida abençoada, depois de ela obedecer à palavra do profeta.

Contudo, o texto de 1Reis 17 vai além dessa poderosa e importante história. Ele demonstra, em ricos detalhes, o cuidado de Deus com seus filhos.

Elias é enviado àquela viúva em mais um "caso pensado" de Deus. Ele foi enviado primeiro porque o riacho que o abastecia com água diária havia secado (v. 7), não permitindo que ele tivesse água para seu sustento.

Deus enviou Elias para confrontar Acabe, o mais maligno dos reis até aquela época. Claro que Deus cuidaria de seu servo, e, para protegê-lo, escondeu-o em Querite. Os corvos e a água do riacho o sustentavam de dia e de noite. Quando acabou, Deus o envia a uma mulher que já havia recebido a ordem de sustentar o profeta (v. 9).

Mas, como foi dito, era mais um "caso pensado" de Deus. A viúva era de Sarepta, de Sidom. Não era israelita, ou pelo menos não vivia em Israel. Mas certamente temia e servia ao Senhor, mesmo não vivendo em terras israelitas.

Deus rompeu barreiras religiosas para abençoar aquela mulher com prosperidade.

Por fim, o mais fantástico: Elias foi enviado àquela casa para algo maior e mais importante do que a multiplicação do azeite e da farinha.

Enquanto Elias viveu com aquela família, o filho da mulher ficou doente e morreu (v. 17,18). Então Elias levou o menino para o quarto onde estava hospedado e lá clamou ao Senhor. O menino ressuscitou, porque Deus ouviu a oração do profeta (v. 22).

No tempo de Deus, tudo se encaixa, não como a teoria de Einstein em que o tempo é relativo. Deus sabia que o menino padeceria de uma enfermidade e morreria.

Aquela mulher servia a Deus; caso contrário, Deus não teria "ordenado" que ela sustentasse o profeta. Deus cuidou da família de sua serva ao enviar Elias para a casa dela, e no final, ela obteve sua recompensa:

> O SENHOR ouviu o clamor de Elias, e a vida voltou ao menino, e ele viveu. Então Elias levou o menino para baixo, entregou-o à mãe e disse: "Veja, seu filho está vivo!" Então a mulher disse a Elias: "Agora sei que tu és um homem de Deus e que a palavra do SENHOR, vinda da tua boca, é a verdade" (1Reis 17.22-24).

Vida de profeta

A VIDA DE PROFETA NÃO era fácil, e continua não sendo. Em 1Reis 20, a Bíblia conta que o maligno rei Acabe, depois de ganhar a guerra contra Ben-Hadade, rei da Síria, o tratou tão bem a ponto de levá-lo para sua casa como convidado, o que contrariava a ordem de Deus.

Eles fizeram um tratado, e Acabe o liberou. A Bíblia conta que um profeta, na verdade "um dos discípulos dos profetas" — como eram chamados os alunos da escola de profetas fundada por Elias e Eliseu —, recebe uma palavra de Deus: "Por ordem do SENHOR um dos discípulos dos profetas disse ao seu companheiro: 'Fira-me', mas o homem se recusou a fazê-lo" (v. 35). Seu colega, provavelmente um aluno da escola também, se recusou a fazê-lo e a pena foi dura: "Então o profeta disse: 'Como você não obedeceu ao SENHOR, assim que você sair daqui um leão o ferirá'. E, logo que o homem partiu, um leão o atacou e o feriu" (v. 36).

Como eu disse, vida de profeta não era (e não é) fácil. Um recebe uma palavra que deveria ser esmurrado. O outro, por não querer esmurrar o colega, vira comida de leão.

> O profeta encontrou outro homem e lhe disse: "Fira-me, por favor". Este o atingiu e o feriu. Então o profeta saiu e ficou ao lado da estrada, à espera do rei. Ele se disfarçou, cobrindo os olhos com sua testeira. (v. 37,38)

Então o profeta encontrou um homem que topou dar-lhe uma surra. Arrebentado e surrado, o profeta se põe no caminho para trazer uma palavra de Deus contra o rei.

> Então o profeta rapidamente removeu a testeira dos olhos, e o rei o reconheceu como um dos profetas. Ele disse ao rei: "Assim diz o Senhor: 'Você libertou um homem que eu havia decidido que devia morrer. Por isso, é a sua vida pela vida dele, o seu povo pelo povo dele' ". (v. 41,42)

Por que o profeta teve que ser esmurrado? Além de ficar inicialmente irreconhecível diante do rei, como estratégia para ter acesso a ele, há um significado maior. O profeta, quando traz a palavra de Deus, ou a profecia da boca do Senhor, não pode trazer em si carnalidade, humanidade, sob pena de contaminação. Portanto, a *natureza* humana deveria ser esmurrada antes de o profeta ser instrumento de Deus. Quando escolhemos ser usados por Deus, devemos deixar que ele nos utilize como lhe convém, como ele deseja. Não há outra forma de servir a Deus, a não ser segundo a vontade dele.

Caso para isso precisemos ser esmurrados, seremos. É melhor ter a carne esmurrada do que virar comida de leão. Deixe Deus mudar você, como o pai que disciplina o filho. O caminho contrário é bem, bem pior.

Paternidade espiritual

"[...] 'MEU PAI! MEU PAI! Tu eras como os carros de guerra e os cavaleiros de Israel!' [...]." (2Reis 2.12.)

Você já tentou entender o que querem dizer essas palavras ditas por Eliseu a Elias quando este estava sendo arrebatado diante de seus olhos? Esse texto poderoso está descrito em 2Reis 2. Tal frase também foi repetida pelo rei Jeoás diante de Eliseu, quando este estava para morrer.

Seria mais um ensinamento sobre paternidade espiritual na Bíblia? Talvez, mas acho que é muito mais. Eliseu fez uma declaração reveladora: "carros de guerra e os cavaleiros de Israel", algo que tem a ver com o poder militar de Israel.

Eliseu chamava Elias de pai porque tinha certeza de sua paternidade espiritual. A função da paternidade espiritual tem paralelo com a paternidade biológica. Assim como um filho biológico precisa de um pai para gerar vida, um filho espiritual precisa de um pai espiritual para gerar a vida de Deus.

Elias era o "gerador" da vida de Deus, por meio da palavra profética, em Israel e, sobretudo, na vida de Eliseu.

Além disso, o profeta representava a força do povo de Israel, como bem expressa o texto da *Nova Versão Internacional.*

Há vários textos bíblicos que demonstram a unção profética, a autoridade do profeta e a consequência de se receber a bênção de um profeta.

Nesse caso, somos abençoados com a capacidade de "gerar vida" por meio da Bíblia, da palavra profética e de receber a força do povo de Israel.

Exemplo a seguir

O REI JOSIAS ERA NETO de Manassés e filho de Amom, os dois piores reis da história de Judá. Ambos se desviaram, de forma agressiva, dos caminhos do Senhor. Manassés fez todas as abominações possíveis e improváveis, como sacrificar seus próprios filhos a deuses pagãos.

Mesmo assim, Josias foi um rei que buscou a Deus como nenhum outro antes e depois dele. Em vez de ser chamado filho de Amom ou filho de Manassés, preferia ser chamado de filho de Davi.

Entenda: nós escolhemos quem nos influencia! Josias olhou para o exemplo de Davi, não para o exemplo de seu próprio pai ou avô.

Manassés foi o rei que por mais tempo governou Judá: cinquenta e cinco anos; Davi governou durante quarenta anos, só a título de comparação. Josias poderia ter se espelhado e inspirado no pouco bem que seu avô fizera. Mas não quis. Escolheu seguir o exemplo de Davi:

> Ele [Josias] fez o que o SENHOR aprova e andou nos caminhos de Davi, seu predecessor, sem desviar-se nem para a direita, nem para a esquerda (2Reis 22.2).
>
> Nem antes nem depois de Josias houve um rei como ele, que se voltasse para o SENHOR de todo o coração, de toda a alma e de todas as suas forças, de acordo com toda a Lei de Moisés (23.25).

O cronista foi o primeiro teólogo
do Antigo Testamento.
– P. R. Ackoid

1 e 2 Crônicas

Paternidade

A PATERNIDADE ESPIRITUAL ERA ALGO tão sério que a Bíblia a exalta de forma especial. Estude os textos bíblicos e perceba que a paternidade espiritual é mencionada em quase todos eles. Ao ler o texto de 1Crônicas 24, chamou-me a atenção a forma pela qual Davi determinou que fosse feita a "escala" entre sacerdotes/levitas: filhos de Eleazar e filhos de Itamar (os quais, por sua vez, filhos de Arão).

Essas personagens bíblicas já haviam morrido cerca de mil anos antes, e mesmo assim Davi os "escala" segundo sua filiação espiritual. Além disso, faz uma distinção. No versículo 5, registra-se que Davi separou-os porque "havia líderes do santuário e líderes de Deus tanto entre os descendentes de Eleazar como entre os de Itamar"; isso me intrigou. Itamar tem dois significados:

- Itamar significa "nobre de muitos bens". No original hebraico, "ilha de palmeiras", ou seja, que frutifica, frutífero.
- Eleazar só tem significado no original hebraico: "Deus é socorro".

A paternidade espiritual definida e clara gera líderes de Deus e líderes do santuário. Pessoas que dão testemunho de Deus aonde vão e se expressam diante dele são filhos que frutificam e que recebem a ação de Deus.

Diga com quem andas

CERTA VEZ, O REI AMAZIAS juntou seu exército para enfrentar uma guerra. Além de seu exército, contratou 100 mil homens de Israel. Deus não gostou, até porque o povo de Israel havia se afastado muito de seus santos caminhos.

> Entretanto, um homem de Deus foi até ele e lhe disse: "Ó rei, essas tropas de Israel não devem marchar com você, pois o SENHOR não está com Israel; não está com ninguém do povo de Efraim. Mesmo que vá e combata corajosamente, Deus o derrotará diante do inimigo, pois tem poder para dar a vitória e a derrota". (2Crônicas 25.7,8)

Devemos escolher bem quem marcha conosco. Se a vida é uma luta diária, e para o cristão a vida é uma batalha espiritual diária e constante, devemos tomar cuidado com quem caminhamos (relacionamentos, amizade etc.). Dependendo das escolhas feitas, sofreremos consequências sérias, que nos levarão a derrotas na vida.

Em compensação, há escolhas que nos levam a crescer e a ser melhores. Os nossos relacionamentos e as nossas amizades ditarão quem você e eu somos e seremos!

> Amazias perguntou ao homem de Deus: "Mas, e as três toneladas e meia de prata que paguei a estas tropas israelitas?" Ele respondeu: "O SENHOR pode dar-lhe muito mais que isso". (2Crônicas 25.9)

Escolha bem os seus amigos porque o "SENHOR pode dar--lhe muito mais que isso".

Escolhendo exemplos

O REI JOSIAS FOI FILHO e neto dos dois piores reis da história de Judá: Manassés e Amom. Tinha tudo para continuar os passos de seus pais em maldade e afastamento de Deus. Mas, mesmo sendo criança (8 anos) ao assumir o trono, após o assassinato de seu pai, e muito jovem ao tomar a decisão mais importante de sua vida aos 16 anos, deu uma guinada radical no povo que comandava.

Josias restaurou o reino e o templo. Gosto de um trecho que retrata bem o porquê dessa guinada: "Ele fez o que o SENHOR aprova e andou nos caminhos de Davi, seu predecessor, sem desviar-se nem para a direita nem para a esquerda" (2Crônicas 34.2).

Os livros das crônicas dos reis eram relatos dos próprios reis ou de quem os servia como escribas. Alguém bem próximo, que tinha a missão de registrar para a posteridade a vida do rei. Josias escolheu ser chamado de "filho de Davi" a ser filho de Amom, apesar de muitos anos de separação entre suas histórias.

Nós escolhemos os exemplos que queremos seguir. Escolhemos a quem seguir. Escolhemos quem nos influenciará. E somos fruto das nossas próprias escolhas.

> Esdras está repleto de mensagens espirituais
> aguardando para serem extraídas.
> Transmite uma espiritualidade rica.
> – David M. Howard Jr.

Esdras

Adversários

O LIVRO DE ESDRAS FALA sobre o tempo em que o povo de Israel foi convocado para reconstruir Jerusalém, que em outra época, havia sido destruída pelo exército da Babilônia. Quando Ciro, rei da Pérsia, que havia conquistado os caldeus, foi usado por Deus para liberar Esdras, Neemias e outros israelitas para reedificar Jerusalém (segundo Isaías 45), de pronto o povo correu para a terra de seus antepassados e se animou a reconstruir Jerusalém, chamada de "a cidade do grande Deus".

O capítulo 4 de Esdras relata que os adversários de Judá (não é à toa que o significado do nome Satanás é adversário) começaram seus planos para frustrar o intento do povo, que era movido pelo intento de Deus. Foi a primeira de várias tentativas, que, segundo Esdras, ocorreram no reinado de pelo menos quatro reis (de Ciro a Artaxerxes).

Como?

1. Tentando se misturar no meio do povo (Esdras 4.1,2), falando mentiras, como "vamos ajudá-los nessa obra" e "nós buscamos o Deus de vocês". A confusão que mais causa dano é exatamente aquela que vem de dentro para fora. Aquela que nos divide. Sorrateira. Sutil. E para isso o Inimigo tenta introduzir em nosso meio "enviados" com tal missão.
2. Desanimando o povo (Esdras 4.4). Desanimando, produzindo cansaço, frustração, tristeza, vontade de "chutar o balde", o que evidentemente não resolve, só atrapalha e paralisa, isso quando não nos leva a retroceder. O grande problema do desânimo é que ele é altamente contagioso.

3. Atemorizando as pessoas (Esdras 4.4). Procurando frustrar o plano com briga e confusão. Quanto mais bagunçado e desorganizado estiver um projeto, maior será sua chance de fracasso. E o Diabo sabe disso. Então fará de tudo para bagunçar e frustrar o seu projeto. A inquietude, na maioria das vezes, é regada de ansiedade demasiada e descontrolada; trata-se de uma demonstração de não confiança em Deus. Quem confia em Deus se aquieta porque sabe que ele é Deus!

Então, faça como os homens de Judá e diga aos seus adversários:

> [...] "Não compete a vocês a reconstrução do templo de nosso Deus. Somente nós o construiremos para o Senhor, o Deus de Israel, conforme Ciro, o rei da Pérsia, nos ordenou" (Esdras 4.3).

Uma das imagens bíblicas mais claras
a respeito da unção e de seus propósitos
está no livro de Ester.

— Tommy Tenney

Ester

Honra

COMO SE NÂO BASTASSE SUA ordem de destruir os israelitas em nome do rei, Hamã, chamado por Ester de adversário (o significado do nome Satanás), resolveu construir uma imensa forca perto de sua casa para enforcar Mardoqueu, um dos líderes dos judeus e pai adotivo de Ester, por quem Hamã nutria um imenso ódio.

Contudo, na noite anterior ao dia que ele escolhera para enforcar Mardoqueu, o rei não conseguiu dormir. Teve insônia.

> Naquela noite, o rei não conseguiu dormir; por isso ordenou que trouxessem o livro das crônicas do seu reinado e que o lessem para ele. E foi lido o registro de que Mardoqueu tinha denunciado Bigtã e Teres, dois dos oficiais do rei que guardavam a entrada do Palácio e que haviam conspirado para assassinar o rei Xerxes. (Ester 6.1,2)

Deus não permitiu que o rei dormisse; pelo contrário, conduziu o rei a ler em seus registros quem tinha sido Mardoqueu em seu reinado.

Talvez Mardoqueu após ter salvado o rei, alguns anos depois, tivesse pensado que fora injustiçado, pois o rei não o tinha valorizado como deveria. Provavelmente reclamou, inclusive para Deus. Mas o Senhor aguardava a hora certa. Deus nos honra na hora certa. E na hora que de fato precisamos de honra.

Mas vai além: "O rei perguntou: 'Quem está no pátio?' Ora, Hamã havia acabado de entrar no pátio externo do palácio para pedir ao rei o enforcamento de Mardoqueu na forca que ele lhe havia preparado" (v. 4). Veja como Deus age com os seus; Hamã entra no pátio quando o rei está determinado a honrar Mardoqueu.

Por isso, o rei escolhe Hamã para fazer as honras da casa a Mardoqueu. Sabe como? Usando a ideia de Hamã. Quando Deus age em nosso favor, ele pode usar os nossos adversários para que nos honrem.

> Então Hamã apanhou o cavalo, vestiu Mardoqueu com o manto e o conduziu sobre o cavalo pelas ruas da cidade, proclamando à frente dele: "Isto é o que se faz ao homem que o rei tem o prazer de honrar!". (v. 11)

Por fim, depois de Ester oferecer um jantar ao rei e a Hamã, ela desmascara o vilão. O rei enfim determina a morte de Hamã. Sabe qual foi a sentença? Morrer na forca que ele próprio prepara para Mardoqueu.

Quando Deus quer honrar você, ele usa o instrumento que o Inimigo havia preparado para destruí-lo.

Deus é especialista em mudar a maldição em bênção.

No âmago da mensagem do livro de Jó,
acha-se a sabedoria que responde à questão
a respeito de como Deus se envolve
no problema do sofrimento humano.

– R.C. Sproul

JÓ

Amigos

HÁ VÁRIOS VERSÍCULOS NA BÍBLIA sobre amizade. Salomão fala muito sobre isso. Davi teve muitas amizades. Jesus tinha um círculo de amigos. Com Paulo não foi diferente.

Já no livro de Jó, em seu diálogo com seus amigos, após as inúmeras tragédias que o afligiram, ele fala algo revelador da Palavra de Deus: "Um homem desesperado deve receber a compaixão de seus amigos, muito embora ele tenha abandonado o temor do Todo-poderoso." (Jó 6.14).

Um amigo deve sempre agir com compaixão para com seu amigo, especialmente em momentos de aflição. Mas, quando esse amigo abandona o temor a Deus, não há nada que se possa fazer, a não ser interceder por ele.

É sábio que essa intercessão aconteça a distância. A doença emocional e a doença espiritual geralmente são acometidas por um vírus extremamente contagioso. Perceba: o rebelde sempre procura quem tem coração propenso à rebeldia para se relacionar. Uma pessoa irritada sempre vai atrás de outra pessoa que está aborrecida.

Seja compassivo com os seus amigos até o momento em que eles abandonarem o temor do Senhor. Quando isso ocorrer, saia de perto, vá para longe, antes que eles influenciem você.

Os salmos são a anatomia de
todas as partes da alma.
– João Calvino

Salmos

Confiança

CONFIANÇA É UMA PALAVRA FORTE, com um significado mais forte ainda, pois transmite uma ideia poderosa. Não é ao acaso que sistematicamente é comparada com um cristal: quando quebra, é difícil de ser colada. Alguns dizem que não há como fazê-lo.

Por isso, quando a identificamos, devemos valorizá-la, ou melhor, supervalorizá-la. Ter em quem ou no que confiar é algo extraordinário. Tem mais valor do que estimados bens. Davi, o autor do salmo 9, diz no versículo 10: "Os que conhecem o teu nome confiam em ti, pois tu, SENHOR, jamais abandonas os que te buscam". Davi diz que aqueles que conhecem Deus confiam nele, sabendo que jamais serão abandonados por ele.

Quando lemos o versículo 9, temos maior clareza: "O SENHOR é refúgio para os oprimidos, uma torre segura na hora da adversidade". A verdadeira confiança em Deus se expressa quando estamos "oprimidos" ou quando vivemos "adversidades". Porque temos a certeza de que em Deus temos "refúgio" e uma "torre segura".

É o que Spurgeon chamava de estar "à sombra de suas asas". O grande pregador do século XIX não tinha dúvidas de tal confiança.

Sim, não existem adversidades ou opressão mais fortes que Deus. Confiar nele, sobretudo nesses momentos, impede que os "cristais sejam quebrados".

Conheçamos Deus e continuemos a conhecê-lo. Quanto mais o fazemos, mais confiamos. Quanto mais conhecemos Deus, mais temos a certeza de que *nele, e somente nele,* nunca seremos abandonados. Max Lucado observa: "Ainda que não entendamos suas ações, podemos confiar em seu coração".[1]

1 LUCADO, Max. **Soluções de Deus**. Rio de Janeiro, Thomas Nelson Brasil, 2012.

Olhos iluminados

> Até quando, SENHOR? Para sempre te esquecerás de mim? Até quando esconderás de mim o teu rosto? Até quando terei inquietações e tristeza no coração dia após dia? Até quando o meu inimigo triunfará sobre mim? (Salmos 13.1,2)

VEMOS NESSE TEXTO A AFLIÇÃO do salmista. Ele sentia, e o expressa em seu texto, que Deus o havia abandonado; que havia se esquecido dele. O motivo de o salmista acreditar nisso eram seus sentimentos.

Os sentimentos muitas vezes nos levam a ver o que não existe ou a exagerar o que não está acontecendo. Pode ser um pequeno lago que molha os nossos pés ou um grande oceano que nos afunda e afoga.

Sua oração expressava o que ele sentia: inquietações e tristeza no coração todos os dias. Estava desnorteado. Algo o perturbava, algo que poderia ser real ou imaginário, natural ou espiritual.

Ele se refere a esse "algo" como um inimigo que triunfava sobre ele. O que nos atormenta torna-se o nosso inimigo. O que nos domina acaba triunfando sobre nós. Sentimento que nos atormenta é nosso inimigo. Se nos domina, triunfa sobre nós. No versículo 3, o salmista diz: "Olha para mim e responde, SENHOR, meu Deus. Ilumina os meus olhos, ou do contrário dormirei o sono da morte".

A solução dessa tormenta está na iluminação dos olhos, que são a entrada para a mente e o coração (cf. Mateus 6.22,23):

> "Os olhos são a candeia do corpo. Se os seus olhos forem bons, todo o seu corpo será cheio de luz. Mas, se os seus olhos forem maus, todo o seu corpo será cheio de trevas. Portanto, se a luz que está dentro de você são trevas, que tremendas trevas são!".

Como ensinou o apóstolo Paulo:

> Oro também para que os olhos do coração de vocês sejam iluminados, a fim de que vocês conheçam a esperança para a qual ele os chamou, as riquezas da gloriosa herança dele nos santos. (Efésios 1.18).

Ao serem iluminados pelo Pai das luzes os nossos olhos, recebemos a revelação por meio do entendimento da nossa vocação: *somos salvos, somos libertos, somos mais do que vencedores por meio dele que sempre nos amou.*

Então sabemos que não há sentimento que nos domina. Não há inimigos que podem prevalecer sobre nós! Eu sou vocacionado para vencer!

"Eu, porém, confio em teu amor; o meu coração exulta em tua salvação." (Salmos 13.5.)

Recompensas

NO SALMO 18.24, LEMOS: "O SENHOR me recompensou conforme a minha justiça, conforme a pureza das minhas mãos diante dos seus olhos". Quem lê esse texto pode interpretar a graça de modo equivocado. O texto não fala sobre salvação; fala sobre o dia a dia.

É necessário interpretar os textos bíblicos analisando os contextos nos quais estão inseridos. A segunda parte do salmo 18 descreve uma pessoa que está sendo preparada por Deus para os desafios da vida. A primeira, descreve um homem que é livrado por Deus; a segunda, um homem levado por Deus. Veja alguns versículos finais desse salmo:

> Ele é o Deus que me reveste de força e torna perfeito o meu caminho. Torna os meus pés ágeis como os da corça, sustenta-me firme nas alturas. Ele treina as minhas mãos para a batalha e os meus braços para vergar um arco de bronze. [...] Deste-me força para o combate; subjugaste os que se rebelaram contra mim (v. 32-34,39).

A salvação é o início da carreira cristã, não o fim. Somos salvos, e a partir daí começamos a agir em Deus e Deus, por meio de nós. O que plantamos em vida colhemos também na eternidade. Entendo o motivo de Salmos; podemos entender por que o autor diz que Deus o recompensou, algo que tem a ver com a vida do autor e com a nossa vida.

O dom gratuito de Deus é a salvação. O preço por ela já foi pago na cruz. Devemos buscar, entretanto, o tipo de vida que queremos ter aqui, neste mundo onde somos forasteiros, segundo Pedro.

> Ao fiel te revelas fiel, ao irrepreensível te revelas irrepreensível, ao puro te revelas puro, mas com o perverso reages à altura. (v. 25,26)

Veja, a fidelidade é recompensada. O que é firme, irrepreensível, na busca de Deus e daquilo que ele representa, é recompensado pela firmeza dos propósitos divinos. Aquele que busca a pureza e a santidade encontra a pureza de Deus.

Uma questão de causa e consequência: eu planto e colho.

Já com relação ao perverso, Deus reage à altura, conforme o texto. A perversidade não é apenas o que conhecemos como maldade humana. Também é ausência da bondade integral: a própria vida de Deus. E é o sangue de Jesus que impede o mal de entrar e agir em nós, que anula ou proíbe a ação da maldade. Sem o sangue dele, nada nos protege.

O salmista ainda fala de comportamento: "Salvas os que são humildes, mas humilhas os de olhos altivos" (v. 27).

Sim, Deus se importa com o nosso comportamento. É com ele que expresso os meus valores cristãos. É por meio do meu *comportamento* que expresso a *vida de Deus*. É por meio do meu *comportamento* que mostro ao mundo que sou cheio do Espírito Santo.

Não é sem motivo que Jesus nos chama de "sal da terra" e "luz do mundo".

Buscar a Deus

> Uma coisa pedi ao SENHOR, e a procuro: que eu possa viver na casa do SENHOR todos os dias da minha vida, para contemplar a bondade do SENHOR e buscar sua orientação no seu templo. (Salmos 27.4)

O CLAMOR DE DAVI DEVERIA e deverá ser sempre o clamor do nosso coração. Independentemente dos resultados, buscamos a Deus por quem ele é, não pelo que ele pode fazer por nós. O abençoador vem antes da bênção.

Entretanto, aquele que se aproxima de Deus, crendo que ele existe, exercendo sua fé nele, recebe dele o galardão. Ele recompensa aqueles que o buscam (cf. Hebreus 11.6).

O salmo 27 fala sobre a nossa dependência de Deus, fé e devoção. No versículo 4, a devoção está explícita. E essa devoção está no meio de duas promessas: "Ainda que um exército se acampe contra mim, meu coração não temerá; ainda que se declare guerra contra mim, mesmo assim estarei confiante" (Salmos 27.3).

> Não preciso temer nem guerras nem exércitos. Não porque seja forte o suficiente ou capaz. Mas porque habito na casa do Senhor e contemplo sua face. "Pois no dia da adversidade ele me guardará protegido em sua habitação; no seu tabernáculo me esconderá e me porá em segurança sobre um rochedo." (Salmos 27.5)

Não só vivo na casa do Senhor, mas também sou por ele escondido. Escondido em sua habitação. E ele ainda me põe sobre uma rocha.

A Rocha que os construtores rejeitaram tornou-se a pedra principal de seu glorioso Reino. Jesus é a nossa proteção diária.

Habitar na casa do Senhor não é algo apenas físico; estar presente ou congregar. Aqui o salmista fala de algo fundamental. Eu vivo na casa de Deus mesmo quando fisicamente não estou lá.

Algo sobrenatural!

Ao amanhecer

LENDO O SALMO 30, ENCONTRAMOS expressões fortes do autor, que se encaixam maravilhosamente na nossa vida. Veja o famoso versículo 5: "Pois a sua ira só dura um instante, mas o seu favor dura a vida toda; o choro pode persistir uma noite, mas de manhã irrompe a alegria".

Aqueles que servem a Deus podem ter uma certeza: para cada noite, por mais tenebrosa, escura, chuvosa e fria que seja, sempre haverá um amanhecer. Seu amanhecer não depende das circunstâncias. Seu amanhecer não depende das previsões climáticas. O sol que brilha no seu amanhecer não é o do nosso sistema solar; é o Sol da justiça. E esse sol sempre vai brilhar ao amanhecer.

Aqui o salmista é claro: Deus se ira sempre que necessário. Sua misericórdia é eterna, mas a sua paciência gigantesca tem limites. Mas sua ira, justa ira, dura apenas um instante. Repare a expressão posterior: "mas o seu favor dura a vida toda". Sim, o favor — a graça — dura a vida toda! Oh! Provem e vejam como Deus é bom! Sua misericórdia dura para sempre e se renova a cada manhã. Grande é a sua fidelidade.

Fidelidade a quem? A nós, pobres e insensíveis pecadores? Não, fidelidade a ele mesmo e à sua palavra.

No versículo 7, ele continua: "SENHOR, com o teu favor, deste-me firmeza e estabilidade; mas, quando escondeste a tua face, fiquei aterrorizado". Com sua graça, seu infinito e maravilhoso favor, Deus nos concede "firmeza e estabilidade". Atitudes extremamente necessárias nos dias de hoje: *firmeza e estabilidade*.

Em contrapartida, quando o homem se afasta de Deus, fica aterrorizado. O medo é fruto do afastamento e da falta de confiança em Deus. Seu amor lança fora todo medo.

Por isso, no versículo anterior o salmista declara: "Quando me senti seguro, disse: Jamais serei abalado!" (v. 6).

Firmeza e estabilidade no favor de Deus são o que precisamos nestes dias difíceis, nestas noites escuras e à espera do amanhecer!

Os olhos de Deus

> Dos céus olha o SENHOR e vê toda a humanidade; do seu trono ele observa todos os habitantes da terra; ele, que forma o coração de todos, que conhece tudo o que fazem. (Salmos 33.13-15)

DEUS, EM SUA SANTA ONIPOTÊNCIA, tem os olhos em todos os homens. Sejam bons, ruins, cristãos fervorosos ou ateus. Nada, absolutamente nada, escapa a seus olhos ou atenção.

> "De hoje em diante os meus olhos estarão abertos e os meus ouvidos atentos às orações feitas neste lugar." (2Crônicas 7.15)

Por mais que essas verdades possam causar medo e temor no coração, afinal ele vê o que ninguém mais vê e o que se tenta esconder, deveria também causar ânimo, refrigério e alegria. Deus se importa tanto conosco que sempre está de olho em nós; e, se ele está preocupado comigo e com a minha família, estou seguro. Não há nada neste mundo que possa me proteger mais do que os olhos e a atenção do Senhor.

> Nenhum rei se salva pelo tamanho do seu exército; nenhum guerreiro escapa por sua grande força. O cavalo é vã esperança de vitória; apesar da sua grande força, é incapaz de salvar. Mas o SENHOR protege aqueles que o temem, aqueles que firmam a esperança no seu amor, para livrá-los da morte e garantir-lhes vida, mesmo em tempos de fome. (Salmos 33.16-19)

Sim, o Senhor protege quem o teme, aqueles que firmam sua esperança em seu amor! "Firmam a esperança no seu amor" —

lendo essa frase, sou levado à reflexão: onde estamos firmando a nossa esperança?

A fé é a esperança do que se espera, é o ato de me aproximar de Deus, por iniciativa pessoal, crendo que ele existe e que se torna galardoador dos que o amam (cf. Hebreus 11.6).

Muitos de nós *não* recebemos o que nos foi preparado porque nos firmamos mais em sentimentos do que no amor do Senhor. Esperamos em nós mesmos, envoltos pela ansiedade. "A esperança que se retarda deixa o coração doente [...]." (Provérbios 13.12a.)

Esperar é confiar! Confie no Senhor, não no seu próprio conhecimento. Agrade-se do Senhor, e ele cuidará do seu coração. Entregue-se a ele, e tudo o que for preciso e necessário a você, ele fará — mesmo em tempo de fome (cf. Salmos 37).

Esperar é confiar!

> "Nossa esperança está no SENHOR; ele é o nosso auxílio e a nossa proteção. Nele se alegra o nosso coração, pois confiamos no seu santo nome. Esteja sobre nós o teu amor, SENHOR, como está em ti a nossa esperança." (Salmos 33.20-22)

O azeite

Mas eu sou como uma oliveira
que floresce na casa de Deus;
Confio no amor de Deus
para todo o sempre.
— (SALMOS 52.8)

DEPOIS DE FALAR SOBRE O destino do "homem poderoso", que se "vangloria do mal", Davi aponta seu diferencial: "Mas eu sou como uma oliveira que floresce na casa de Deus; confio no amor de Deus para todo o sempre".

O servo do Senhor deve se apresentar como uma oliveira verdejante plantada na casa de Deus, de onde se extrai, ao espremer, azeite.

Em sua casa, Deus nos espreme até sair unção! Muda os nossos conceitos, purifica a nossa vida, transforma a nossa mente. Espreme até sair azeite.

Lendo o salmo 52, percebemos que, por mais doloroso que seja o ato de ser espremidos, trata-se de um ato da bondade e da misericórdia de Deus. Só assim veremos cumprir seu propósito em nós.

Ciclo vicioso

> Como são grandes as tuas obras, SENHOR, como são profundos os teus propósitos! O insensato não entende, o tolo não vê. (Salmos 92.5,6).

O salmista fala da grandiosidade das obras do Senhor. Não só pelo esplendor de sua criação, mas, principalmente, pelo seu propósito. E quão profundos eles são!

O apóstolo Paulo definiu de forma poética:

> Ó profundidade da riqueza da sabedoria e do conhecimento de Deus! Quão insondáveis são os seus juízos e inescrutáveis os seus caminhos! "Quem conheceu a mente do Senhor? Ou quem foi seu conselheiro?" "Quem primeiro lhe deu, para que ele o recompense?" Pois dele, por ele e para ele são todas as coisas. A ele seja a glória para sempre! Amém. (Romanos 11.33-36).

Conhecer Deus é conhecer a profundidade de toda riqueza, de toda sabedoria e de todo conhecimento, e, mesmo assim, chegar à conclusão de que sempre haverá mais a conhecer. É a máxima de Sócrates em sua essência: "Só sei que nada sei". Quanto mais se conhece Deus, mais precisamos aprender. Trata-se de algo insaciável.

O insensato não entende, não consegue ou não quer entender. O tolo não vê ou não quer enxergar. Aquele que não quer conhecê-lo se torna cada vez mais insensato e tolo. Porque a sensatez verdadeira e a verdadeira sabedoria habitam nele.

Trata-se de um padrão: quanto mais o conheço, mais quero conhecê-lo. Quanto mais eu me aproximo, mais quero estar perto. Apaixonante, irresistível.

Faz todo sentido a expressão da Amada em Cântico dos Cânticos, de Salomão: "Eu sou do meu amado, e o meu amado é meu [...]" (6.3).

E depois: "Conheçamos o SENHOR; esforcemo-nos por conhecê-lo. Tão certo como nasce o sol, ele aparecerá [...]" (Oseias 6.3). Prossigamos em fazer a única coisa realmente certa, em que não há a mínima chance de frustração: conhecer Deus.

Santidade

> Os teus mandamentos permanecem firmes e fiéis; a santidade, SENHOR, é o ornamento perpétuo da tua casa. (Salmos 93.5)

FAÇAMOS UM PACTO COM ESSE texto.

Deus e seus mandamentos são perpétuos — eternos e imutáveis. Ele é o mesmo ontem, hoje e o será eternamente. Glorificado seja eternamente.

À sua casa, à sua Igreja e ao seu povo compete a santidade: consagração de alma, corpo e espírito. Viver integralmente para ele.

Sem isso, não há relacionamento com Deus. Sem santidade, ninguém verá a Deus. Ele é Espírito, e importa que os seus adoradores o adorem em espírito e em verdade. Trata-se do "ornamento" da casa.

Não é sem motivo que a Bíblia se refere à santidade como algo belo. A beleza da vida de um homem de Deus está em sua consagração a Deus, em sua santidade.

Trabalho inútil

> Se não for o SENHOR o construtor da casa, será inútil trabalhar na construção. Se não é o SENHOR que vigia a cidade, será inútil a sentinela montar guarda. Será inútil levantar cedo e dormir tarde, trabalhando arduamente por alimento. O SENHOR concede o sono àqueles a quem ele ama. (Salmos 127.1,2).

SE O SENHOR NÃO ESTIVER nos seus planos, nos seus intentos, na sua motivação, todo o seu trabalho será *inútil*. Se o Senhor não estiver vigiando a sua vida, os seus negócios, a sua família, todo o seu cuidado e precaução serão *inúteis*.

Se o Senhor não estiver com você, não há bênção. Se ele não estiver com você, tudo que você fizer, diligentemente ou não, acordando cedo, dormindo tarde, arduamente, tudo será *inútil*.

Mas, se ele estiver com você, até quando você estiver dormindo, ele cuidará e trabalhará por você, pela sua família, pela sua casa, pelos seus negócios.

Em união

"COMO É BOM E AGRADÁVEL quando os irmãos convivem em união!" Todos já ouviram ou deveriam ter ouvido algo sobre esse salmo. No salmo 133, exalta-se a união dos irmãos, a irmandade daqueles que são chamados filhos de Deus e que o conhecem.

A unidade da irmandade faz parte dos ensinamentos de Jesus. Em sua oração por seus discípulos, antes de morrer, Jesus sentencia:

> "para que todos sejam um, Pai, como tu está em mim e eu em ti. Que eles também estejam em nós, para que o mundo creia que tu me enviaste" (João 17.21).

A unidade da fé no vínculo do amor, como ensinou Paulo. Esse amor é Deus, como declarou João. Deus é o único vínculo que pode manter uma união intacta. Mais nada. Mas o salmista não para na exaltação; ele continua falando e ensinando sobre a unidade:

> É como óleo precioso derramado sobre a cabeça, que desce pela barba, a barba de Arão, até a gola das suas vestes. É como o orvalho do Hermom quando desce sobre os montes de Sião. Ali o SENHOR concede a bênção da vida para sempre. (Salmos 133.2,3).

A união é "como óleo precioso". A união do corpo de Cristo é também um ato de unção. Unção derramada sobre a barba do sacerdote.

O principal instrumento de unidade de um grupo, e o que o torna indissolúvel, é Deus. E ele, doando sua unção, derrama-a sobre "a barba" de alguém. A barba tem uma representatividade de experiência, sabedoria e vivência, características essenciais de um líder.

A unidade é construída em volta de alguém. Mas o salmista não para aí: "É como o orvalho do Hermom quando desce sobre os montes de Sião".

No cume do monte Hermom, há neve o tempo todo, e o solo é alimentado pelas águas derretidas que escorrem pela superfície ou por suas entranhas, formando rios e lençóis de água, fertilizando a região. Ele catalisa as correntes secas e úmidas vindas do Mediterrâneo, provocando a precipitação do orvalho em áreas mais próximas e chuvas abundantes em regiões mais distantes.

A condensação de vapores noturnos dessas águas produz um orvalho abundante que banha e sustenta rios e córregos, especialmente o principal rio da região, conhecido como Jordão.

A unidade é como um monte que tem o poder de derramar bênçãos sobre seu povo. Condensa efeitos naturais, e seu degelo enche os rios que abastecem Israel. O monte Hermom é considerado uma grande bênção pelo povo de Israel!

Sim, na unidade há bênção para o povo. É por ela que Deus determina a bênção. Não é sem motivo que "onde se reunirem dois ou três" (Mateus 18.20) em nome de Jesus, ele ali estará no meio deles. E "se dois de vocês concordarem na terra em qualquer assunto", ele o concederá. Sim, ele habita na unidade em louvor, em meio aos louvores de seu povo!

Força e coragem

SERÁ QUE ESTAMOS PREPARADOS PARA receber a resposta que Deus tem para as orações que lhe fazemos? Às vezes, ele responde não, como qualquer pai zeloso. E, como reiteradamente falo, o grande problema de pedir o batismo de fogo do Espírito Santo é sermos atendidos.

Mas às vezes a resposta de Deus é bem mais excêntrica, pelo menos na nossa humanidade: "Quando clamei, tu me respondeste; deste-me força e coragem" (Salmos 138.3).

Ele escuta seu choro, seu pedido, seu clamor diante das adversidades e responde com força e coragem.

Força para suportar os embates e coragem para enfrentar o desafio. Não uma ação sobrenatural. Apenas força e coragem. Saiba que Deus sabe melhor o que você precisa, mais que você mesmo. Muitas vezes, ele concede o que você precisa, mas não o que você deseja.

Seja cheio da força e da coragem que vêm de Deus!

Provérbios é uma coletânea do discernimento
espiritual a respeito das complexas
relações da alma humana.
— Ed René Kivitz

Provérbios

Depois da tempestade

TODOS SABEM QUE A VIDA é cheia de desafios e que enfrentamos adversidades, guerras, lutas; às vezes perdemos, outras ganhamos; passamos por tempestades porque não somos imunes a elas.

No mundo passamos por aflições, o nosso Senhor já havia nos alertado. Mas podemos ter bom ânimo, pois nenhuma tempestade é eterna. Nos polos, as noites podem durar até seis meses, mas até lá o sol aparece. Depois de um rigoroso inverno, vem a primavera.

A diferença é como estaremos depois da tempestade. Em Provérbios 10, Salomão faz uma distinção: "O que o ímpio teme lhe acontecerá; o que os justos desejam lhes será concedido. Passada a tempestade, o ímpio já não existe, mas o justo permanece firme para sempre" (v. 24,25).

Veja, ambos passam por tempestade, mas apenas o justo consegue sobreviver firme a ela. Por quê?

> "O caminho do SENHOR é o refúgio dos íntegros, mas é a ruína dos que praticam o mal. Os justos jamais serão desarraigados, mas os ímpios pouco duram na terra." (Provérbios 10.29,30)

Tempestade, com Jesus no barco, é a certeza de chegar em segurança. E se ele não estiver no barco? Clame, e ele virá andando sobre as águas socorrer você.

Equilíbrio

UMA RÁPIDA REFLEXÃO SOBRE OS dois primeiros versículos de Provérbios 18 é extremamente válida para os nossos dias:

"Quem se isola busca interesses egoístas e se rebela contra a sensatez" (Provérbios 18.1). O ser humano foi criado por Deus para viver em comunidade e comunhão: "[...] 'Não é bom que o homem esteja só [...]' " foi uma declaração do próprio Deus após a criação do homem (Gênesis 2.18).

Em sua sabedoria, Salomão afirma que quem se isola busca interesses egoístas e se torna um insensato. O isolamento faz mal. Isso nos torna suscetíveis ao pecado e às ações do Diabo, uma vez que o isolamento nos conduz à falta de clareza e lucidez.

Mas lembre-se do outro lado dessa moeda. Todos os relacionamentos que você tem, sejam curtos e insignificantes ou longos e íntimos, nos influenciam de alguma forma. Se isolar é errado e abre caminho a erros maiores, então escolha bem por quem você deseja ser influenciado.

A segunda reflexão é "atualíssima": "O tolo não tem prazer no entendimento, mas sim em expor os seus pensamentos" (Provérbios 18.2).

Em tempos de redes sociais, devemos nos preocupar em não expor sempre o que pensamos, demonstrando a nossa própria tolice.

Relacionamentos

O RELACIONAMENTO É FUNDAMENTAL PARA a convivência humana. Somos e sempre seremos influenciados, já diz a expressão popular "Maria vai com as outras". Embora, também influenciemos, claro!

Salomão falou muito sobre relacionamento. Em Provérbios 23, ele ensina alguns princípios valiosos:

> Quando você se assentar para uma refeição com alguma autoridade, observe com atenção quem está diante de você, e encoste a faca à sua própria garganta, se estiver com grande apetite (v. 1,2).

Não se trata apenas de uma autoridade constituída. Claro que, diante de governantes, a boa educação e também a inteligência nos impõem um comportamento que segue determinadas regras. Mas Salomão vai além: "Observe com atenção quem está diante de você".

Fica claro que importa a pessoa com quem você se associa. O apóstolo Paulo dizia:

> Já disse por carta que vocês não devem associar-se com pessoas imorais. Com isso não me refiro aos imorais deste mundo nem aos avarentos, aos ladrões ou aos idólatras. Se assim fosse, vocês precisariam sair deste mundo. Mas agora estou escrevendo que não devem associar-se com qualquer que, dizendo-se irmão, seja imoral, avarento, idólatra, caluniador, alcoólatra ou ladrão. Com tais pessoas vocês nem devem comer. (1Coríntios 5.9-11).

Ou seja, importa, nos nossos relacionamentos, observar a vida daqueles com os quais nos relacionamos. É sempre bom lembrar que o malandro geralmente é boa pinta e tem uma excelente conversa.

A orientação de Salomão continua no capítulo 23: "Não deseje as iguarias que lhe oferece, pois podem ser enganosas" (v.3).

Ao observar e detectar que uma pessoa que se diz "irmão, seja imoral, avarento, idólatra, caluniador, alcoólatra ou ladrão", não deseje o que ela é, o que tem para oferecer a você. Trata-se de engano, laço e armadilha para pegar você!

O rei Davi fala no salmo 37 que não devemos ter inveja do ímpio. Inveja não é apenas desprezo pela vitória de outrem. É também desejar ser outra pessoa; roubar e possuir o que pertence a outrem.

Salomão ainda diz nos versículos 6 e 7:

> Não aceite a refeição de um hospedeiro invejoso, nem deseje as iguarias que lhe oferece; pois ele só pensa nos gastos. Ele lhe diz: "Coma e beba!", mas não fala com sinceridade.

Observe se a pessoa com quem você está se relacionando tem um coração invejoso e não é sincero. A amizade verdadeira baseia-se na sinceridade. Não apenas no falar, mas principalmente na reciprocidade. Por outro lado, "ele só pensa nos gastos" tem a ver com alguém que só gasta o que você tem. Suga suas forças, seus sentimentos e sua alma.

O apóstolo Paulo fala em cortar vínculos; Salomão, em observar. Una os dois ensinamentos. Observe bem a vida das suas companhias e veja se vale a pena continuar com esses relacionamentos.

Não me refiro apenas a amizades. Amizades são e devem ser poucas e de valor. Trata-se aqui de algo mais amplo. Relacionamentos em amplitude: trabalho, vizinhança, escola, família etc.

Até mesmo as nossas conversas precisam ser observadas, tratadas e filtradas: "Não vale a pena conversar com o tolo, pois ele despreza a sabedoria do que você fala" (v. 9).

Conversar demais faz mal: "[...] encoste a faca à sua própria garganta se estiver com grande apetite" (Provérbios 23.2). E: "Quando são muitas as palavras, o pecado está presente [...]" (Provérbios 10.19).

Paulo diz em Coríntios: "Não se deixem enganar: 'As más companhias corrompem os bons costumes' " (1Coríntios 15.33).

Por um lado, os maus relacionamentos corrompem a nossa vida cristã! Por outro lado, Salomão também ensina que "Aquele que anda com os sábios será cada vez mais sábio, mas o companheiro dos tolos acabará mal" (Provérbios 13.20).

Os bons relacionamentos, por sua vez, nos fazem bem. Eles nos levam a outros níveis na vida diária e carreira cristã. Por outro lado, quando a inveja está presente, os relacionamentos fazem mal: "Você vomitará o pouco que comeu, e desperdiçará a sua cordialidade" (Provérbios 23.8).

Escolhas

> Não tenha inveja dos ímpios, nem deseje a companhia deles; pois destruição é o que planejam no coração, e só falam de violência. (Provérbios 24.1,2)

NÃO TENHA INVEJA DE QUEM não serve a Deus. Suas conquistas em breve definharão como o capim e a relva (Salmos 37.2). E mais, não deseje a companhia deles. Não queira estar com eles. O original diz "caminhar com eles" — não queira se relacionar com eles. Seu caminho é de destruição e violência.

Se andamos com eles, somos contaminados pela malignidade do seu coração, gerando destruição na nossa vida. No entanto:

> O homem sábio é poderoso, e quem tem conhecimento aumenta a sua força; quem sai à guerra precisa de orientação, e com muitos conselheiros se obtém a vitória (Provérbios 24.5,6).

O sábio, que com conhecimento aumenta sua própria força, escolhe bem com quem se relacionar: alguém que o aconselhe como verdadeiramente vencer suas guerras!

> "pois ainda que o justo caia sete vezes, tornará a erguer-se, mas os ímpios são arrastados pela calamidade. (Provérbios 24.16)

Tudo é uma questão de escolha. Somos frutos das nossas escolhas.

Valorizar para não perder

HÁ UM DITADO POPULAR, MUITO verdadeiro, que diz que só valorizamos algo de verdade quando o perdemos. Esse provérbio é tão verdadeiro que poderia ser bíblico. Mas, apesar de não o encontrarmos na Bíblia, encontramos outros bastante semelhantes.

Uma das expressões bíblicas mais fortes, e que pode ter semelhança com esse ditado, está em Provérbios 27.7: "Quem está satisfeito despreza o mel, mas para quem tem fome até o amargo é doce". Aquele que acaba recebendo muito por muito tempo começa a desprezar o que tem. Mas àquele que passa fome, até mesmo uma palavra amarga se torna doce.

Um grande exemplo bíblico dessa verdade é o relato do filho pródigo (Lucas 15.13,14), que precisou perder tudo e passar necessidades para se lembrar de sua casa e de tudo o que tinha nela.

Portanto, não espere perder tudo para valorizar o que você tem, sejam pessoas que Deus põe na sua vida, a sua família e os amigos, ou posições que conquista. Que por meio desse texto tenhamos a atitude de "cair em si", assim como o filho pródigo fez.

> "Caindo em si, ele disse: 'Quantos empregados de meu pai têm comida de sobra, e eu aqui, morrendo de fome! Eu me porei a caminho e voltarei para meu pai e lhe direi: Pai, pequei contra o céu e contra ti'. " (Lucas 15.17,18)

Constância

EIS UM VERSÍCULO PODEROSO:

> Como é feliz o homem constante no temor do Senhor! Mas quem endurece o coração cairá na desgraça (Provérbios 28.14).

Aqui há duas palavras-chave que causam as duas consequências registradas no texto: *ser constante* e *endurecer*.

A constância no temor do Senhor é o segredo da felicidade, da realização pessoal e da satisfação.

Aliás, a constância é o segredo do caminho vitorioso, ao passo que a inconstância geralmente é o caminho da derrota.

O temor do Senhor é o princípio da sabedoria, pois não há sabedoria sem a reverência sincera e constante diante dele. Já o endurecer do coração gera males muitas vezes insanáveis. "Mas quem endurece o coração cairá na desgraça."

O coração duro guia o homem para a desgraça. Se o coração é enganoso e extremamente corruptível, como disse Jeremias, ao endurecer o coração, o homem impede que o engano e a corrupção humanos saiam de seu coração. Os sentimentos malignos ficam ali aprisionados, por isso, a desgraça. O coração endurecido impede a saída e a entrada de determinados sentimentos. Não há espaço para a graça. Isso é grave!

O melhor é ser constante em Deus e nas coisas dele, e ser feliz!

Um texto especial às mulheres casadas

VIVEMOS EM UMA ÉPOCA DIFERENTE de qualquer outra em que já vivemos. O mundo contemporâneo em muito difere do tempo dos nossos antepassados. Muita coisa mudou; entretanto, a mudança com maior poder de influenciar a sociedade como um todo não foi o advento da tecnologia, da comunicação ou da globalização; foi a mudança que ocorreu na família.

Dos primórdios da humanidade até a década de 1940, a mulher tinha uma função nobre e de suma importância: ser o elo do lar, da família. O papel das mulheres limitava-se à criação dos filhos, ao cuidado do marido e ao da casa. Até as mais ricas tinham essa responsabilidade social.

Com o advento da Segunda Guerra Mundial, os homens, sobretudo, os americanos, foram convocados para lutar. Para não acabar com a economia que se desenvolvia, o governo americano incentivou as mulheres a assumirem o lugar dos maridos na indústria. Até no esporte, isso ocorreu. Para que não acabasse o campeonato de beisebol, a mais prestigiada modalidade esportiva americana, durante algum tempo a liga foi disputada exclusivamente por mulheres.

Nas décadas de 1960 e 1970, surgiram os movimentos de igualdade de sexo e "empoderamento" feminino. Começou-se a falar sobre feminismo. As mulheres deveriam buscar a liberdade e fazer escolhas.

Há cerca de três décadas, as mulheres estão estudando, trabalhando, conquistando seu espaço, competindo e vencendo os homens, devido ao maior interesse no mercado de trabalho. Claro que há muito ainda a conquistar, mudar e incentivar, mas houve um grande avanço no papel feminino na sociedade.

Jesus amava as mulheres e as incentivava a desenvolver seu potencial. Os textos bíblicos do Novo Testamento relacionados ao papel da mulher, na sociedade, na família e na igreja, devem ser interpretados dentro do contexto da época, para não dar vazão a pretextos errados e nocivos, sem falar heréticos.

Dito isso, faço ressalvas à mulher de Deus e que serve a Deus. Apesar da vida bastante carregada que a mulher atual tem, ou que precisa ou deseja ter, não abandone o seu papel fundamental para com a família. O elo do lar precisa ser fortalecido, guardado e desenvolvido, não prejudicado. Quem corre o risco é a família. E, se a família corre risco, a sociedade perece.

O rei Lemuel (que bem poderia ser outro nome dado a Salomão, não se sabe ao certo) fala em Provérbios 31 sobre os conselhos que recebeu de sua mãe e que deveria transmitir à posteridade. São os famosos textos da mulher "exemplar" ou "virtuosa" que é "mais valiosa que os rubis" (v. 10). É bom lembrar que o rubi, na época, era a pedra considerada mais preciosa e cara.

No texto, ele diz que essa esposa tem "plena confiança" do marido e que a seus cuidados "nunca lhe falta coisa alguma" (v. 11), principalmente o que o dinheiro não pode comprar, como carinho, afeto, compreensão e companheirismo, pois "Ela só lhe faz o bem, e nunca o mal, todos os dias da sua vida" (v. 12).

E quem acredita que a mulher não deve trabalhar, estudar etc., deveria ler mais esse capítulo da Bíblia, pois ele claramente faz menções a serviço fora do lar, como: "Escolhe a lã e o linho e com prazer trabalha com as mãos" (v. 13), "Ela avalia um campo e o compra; com o que ganha planta uma vinha" (v. 16), "Administra bem o seu comércio lucrativo, e a sua lâmpada fica acesa durante a noite" (v. 18). Pois a mulher exemplar "Entrega-se com vontade ao seu trabalho; seus braços são fortes e vigorosos" (v. 17).

Mas ela jamais abandona sua maior responsabilidade, que é com sua família. Veja: "Como os navios mercantes, ela traz de longe as suas provisões" (v. 14), "Não teme por seus familiares quando chega a neve, pois todos eles vestem agasalhos" (v. 21) e "Cuida dos negócios de sua casa e não dá lugar à preguiça" (v. 27). Aliás, preguiça e "mulher exemplar" não combinam em nada, pois "Antes de clarear o dia ela se levanta, prepara comida para todos os de casa e dá tarefas às suas servas" (v. 15).

A mulher exemplar é generosa com os seus e com os necessitados (v. 20). Não é egoísta, cuida de quem precisa. Ama ao próximo como a ela mesma. "Fala com sabedoria e ensina com amor" (v. 26), "Reveste-se de força e dignidade" em seus atos e "sorri diante do futuro" (v. 25). Está pronta para o futuro, pois sabe o que plantou. O que plantou lhe trará uma bela colheita.

Voltando ao papel social, as mulheres de hoje estão em busca de destaque. Ótimo! Mas não podem jamais se esquecer de que não existe sucesso que justifique o fracasso de uma família. O maior destaque que uma mulher exemplar deve ter, e querer, é o de sua família: "Seus filhos se levantam e a elogiam; seu marido também a elogia, dizendo: 'Muitas mulheres são exemplares, mas você a todas supera' " (v. 28,29).

Por meio dela ou com a ajuda dela, seu marido é respeitado. Importa muito ao coração de seu marido ser respeitado. Ela não quer e nem pode ser pedra de tropeço ao marido ou instrumento de vergonha; "Seu marido é respeitado na porta da cidade, onde toma assento entre as autoridades da sua terra" (v. 23).

Repito, a mulher querer, tentar e conquistar seu espaço na sociedade é bom, bíblico e extremamente construtivo para a sociedade. Mas não tenho dúvida de que, se a mulher abandona seu papel no lar, este será destruído.

Não estou poupando os homens. Tenho total convicção de que, estatisticamente, os erros masculinos que favorecem a destruição de um lar são bem maiores que os das mulheres. Um texto para os homens, chamando-os à responsabilidade, seria bem maior e mais ilustrativo do que este.

Cuidem das suas famílias. Plantem boas sementes no coração dos seus familiares. Continuem sendo o elo do lar. Não permitam que o Diabo roube essa função. Não adianta nada lutar por espaço na sociedade, se esta estiver fadada ao fracasso. Se as famílias não forem fortalecidas, a sociedade estará enfraquecida.

> A beleza é enganosa, e a formosura é passageira; mas a mulher que teme o Senhor será elogiada. Que ela receba a recompensa merecida, e as suas obras sejam elogiadas à porta da cidade. (Provérbios 31.30,31)

O livro de Eclesiastes é dirigido ao coração
do povo de Deus que busca respostas
para os dilemas da vida.
– Dick Woodward

Eclesiastes

Aproveite a vida

EM ECLESIASTES 2.24-26, SALOMÃO nos dá uma aula de como aproveitar bem a vida:

> Não há nada melhor para o homem do que comer, beber e fazer que a sua alma goze o bem do seu trabalho. No entanto, vi também que isto vem da mão de Deus, pois, *separado deste*, quem pode comer ou quem pode alegrar-se? Porque Deus dá sabedoria, conhecimento e prazer ao homem que lhe agrada; mas ao pecador dá trabalho, para que ele ajunte e amontoe, a fim de dar àquele que agrada a Deus. Também isto é vaidade e correr atrás do vento (*Almeida Revista e Atualizada*).

Gosto desta tradução: *separado de Deus* ninguém consegue comer, beber ou gozar o fruto de seu próprio trabalho. Sem Deus, estamos construindo algo, com trabalho, para *outro* usufruir. A *Nova Almeida Atualizada* também diz: "a fim de dar àquele que agrada a Deus".

De pouco servem riquezas, apartamentos, empresas, joias, se isso é "correr atrás do vento". Para que o fruto do nosso trabalho seja motivo de alegria, precisamos ser daqueles que se dispõem a agradar a Deus, jamais permitindo que as nossas conquistas nos separem do Pai, pois longe dele o caminho é de aflição.

Pense nisso!

Porque é dado ao homem que é bom diante dele! *Carpe Diem* com Deus!

Agindo no momento certo, na hora certa

A BÍBLIA É A MAIOR fonte de sabedoria. Há textos que parecem que saltam aos nossos olhos falando-nos ao coração. Há outros que exigem de nós muita reflexão e mistério. Outros, no entanto, nos ensinam por sua simplicidade.

É o caso de Eclesiastes 8.6: "Porquanto há uma hora certa e também uma maneira certa de agir para cada situação. O sofrimento de um homem, no entanto, pesa muito sobre ele".

Há uma "hora certa" e também uma "maneira certa" para "cada situação". Isso nos leva a presumir que também há horas erradas, maneiras erradas, formas e tempo errados.

Muitas vezes, estamos certos de algo, mas erramos precipitadamente quanto ao tempo de fazer algo. E vice-versa.

É preciso entender que Deus fez tudo formoso em seu devido tempo, pois ele tem hora para tudo, hora e formas de agir (Eclesiastes 3).

Salomão não para na obviedade do tema; ele continua: "[...] O sofrimento de um homem, no entanto, pesa muito sobre ele, visto que ninguém conhece o futuro. Quem lhe poderá dizer o que vai acontecer?" (v. 6,7).

Devemos saber agir na hora certa e da forma certa para evitar o peso do sofrimento humano. Não conhecemos o futuro. Podemos até sonhar com ele; os mais espirituosos são otimistas sobre ele, e os mais espirituais podem ter uma revelação sobrenatural. Mas podemos resumir que o futuro só Deus de fato conhece.

Uma palavra falada ou mal interpretada pode trazer confusão a um casamento ou amizade. Uma atitude, ou a falta dela, pode machucar muito um coração, mesmo que no momento não diga nada.

Portanto, agir da forma certa e no momento certo evita sofrimentos.

Na continuidade desse texto, Salomão fala sobre a morte, sobre a brevidade da vida e sobre a eternidade.

Tudo o que fazemos ecoa na nossa breve vida e na eternidade.

Saber agir da forma correta e no momento certo só pode ser bênção. O contrário, não.

Suas forças

O que as suas mãos tiverem que fazer, que o façam com toda a sua força, pois na sepultura, para onde você vai, não há atividade nem planejamento, não há conhecimento nem sabedoria. (Eclesiastes 9.10)

UMA PERGUNTA: QUANDO VOCÊ FAZ algo, sobretudo para Deus e por sua obra, você dá tudo que poderia dar ou o faz conforme as suas forças? Se você se perguntar: "Será que poderia ter feito melhor?", qual seria a resposta?

Ou se você "se dava conta, mas não quis" ou ainda "fez a sua parte, ou que o mandaram fazer", qual de fato seria a resposta? Tudo o que Deus puser nas suas mãos, faça-o com todas as suas forças. Porque depois, quando morrermos, não haverá atividade, projeto, conhecimento. O que fazemos em vida ecoa fortemente na eternidade.

Cântico dos Cânticos fala como o amor e o casamento deveriam ser.
É uma espécie de antídoto para como
os relacionamentos costumam ser.
— Robert L. Alden

Cântico dos Cânticos

Raposinhas

EM CÂNTICOS DOS CÂNTICOS, DE Salomão, há um texto muito conhecido e talvez, por ser conhecido, não lhe damos a devida atenção. Vejamos:

> Apanhem para nós as raposas, as raposinhas que estragam as vinhas, pois as nossas vinhas estão floridas (2.15).

Quem faz essa declaração é a esposa. A igreja precisa ficar esperta com as chamadas "raposinhas". Raposinhas são pequenos "assaltantes" — demônios que vêm para roubar o que semeamos nas nossas vinhas, ou seja, na nossa vida. Elas roubam a alegria, a paz e, em pequenos gestos, podem roubar toda a nossa proteção espiritual. Esse é o grande problema das "raposinhas". Vão roendo, roendo devagarinho o caule da nossa vida espiritual e, quando nos damos conta, ela pode desmoronar.

Alguns claros exemplos de "raposinhas" são: inveja, sentimentos de desvalorização, angústia, questionamentos exagerados, amargura, bem como pequenos gestos. Elas geralmente atacam quando a vinha está florindo, ou seja, quando a nossa vida está prestes a frutificar, já que a flor é o primeiro passo da frutificação.

Portanto, identifiquem as raposas, elimine-as ou as expulse antes que elas façam isso com a sua alegria e com a sua vida espiritual. "O meu amado é meu, e eu sou dele; ele pastoreia entre os lírios." (Cântico dos Cânticos 2.16)

Isaías é como a Bíblia em miniatura.
— Bruce Wilkinson

Isaías

Cidadãos do Reino

EM ISAÍAS 32, O PROFETA traz um sentido poderoso para o Reino de Deus. Se hoje pregamos tanto sobre o Reino, precisamos saber o que é pregar sobre esse Reino. O profeta messiânico apresenta esse Reino de uma forma especial: "Vejam! Um rei reinará com retidão, e príncipes governarão com justiça" (Isaías 32.1). Um reino de um rei e vários príncipes, onde a retidão e a justiça do Rei permearão todas as ações e decisões. E os cidadãos?

Isaías 32.2 diz: "Cada homem será como um esconderijo contra o vento e um abrigo contra a tempestade, como correntes de água numa terra seca e como a sombra de uma grande rocha no deserto".

Cada cidadão do Reino será abrigo para outros contra tempestades e ventos. Será como correntes de águas para aqueles que andam pelos desertos da vida em sequidão. Sofrendo. Aflitos. Cada homem será sombra no deserto da vida.

Imaginemos homens vagando no deserto dias, meses e de repente encontram sombra com correntes de águas. Esse deve ser o sentimento de quem se encontra com os cidadãos do Reino.

> Então os olhos dos que veem não mais estarão fechados, e os ouvidos dos que ouvem escutarão. A mente do precipitado saberá julgar, e a língua gaguejante falará com facilidade e clareza. (v. 3,4)

Com atitudes sábias como essas, não algo automático, contencioso, mas inerentes à personalidade do cidadão do Reino, o impacto nas vidas ao redor é poderoso.

Os que estão sem visão, recebem visão. Quem não ouve Deus, começa a ouvi-lo e a se relacionar com ele. Há transformação de mente, pela renovação do Espírito Santo. E quem não consegue falar, aprende por meio da influência dos cidadãos.

Veja a importância que tem o cidadão do Reino de Deus. Sua vida tem um potencial extraordinário de impacto:

> O tolo já não será chamado nobre e o homem sem caráter não será tido em alta estima (Isaías 32.5).

A influência é poderosa. O caráter muda. Quem não tem, recebe.

> O fruto da justiça será paz; o resultado da justiça será tranquilidade e confiança para sempre. O meu povo viverá em locais pacíficos, em casas seguras, em tranquilos lugares de descanso. (Isaías 32.17,18)

O Reino de Deus começa mudando vidas, para que essas pessoas mudem o ambiente em que vivem, semeando o fruto de justiça, colhendo paz e tranquilidade.

Seja um cidadão do Reino!

Sião

O PROFETA ISAÍAS RECEBEU E repassou uma mensagem do Senhor sobre Sião. Sião é uma simbologia da Igreja. No capítulo 33, ele diz:

> O SENHOR é exaltado, pois habita no alto; ele encherá Sião de retidão e justiça. Ele será o firme fundamento nos tempos a que você pertence, uma grande riqueza de salvação, sabedoria e conhecimento; o temor do SENHOR é a chave desse tesouro (v. 5,6).

"Retidão e justiça", um conjunto de princípios impressos em um povo. Isaías estabeleceu princípios para Sião: "firme fundamento nos tempos a que você pertence". A igreja precisa ser estável. Estabilidade nas ações, na liderança, nos princípios bíblicos, na doutrina, e principalmente nos fundamentos. Não se pode abrir mão dos fundamentos bíblicos. Desconsiderar tais fundamentos é o mesmo que desconsiderar o autor e consumador desses mesmos fundamentos.

Riqueza de salvação

A Igreja é a porta da salvação, através dela Jesus entra e através dela a salvação é revelada. O Corpo, comandado pela Cabeça, precisa ser instrumento de riqueza de salvação. O evangelho precisa ser anunciado; mais do que isso, ensinado, impregnado na vida das pessoas. É princípio para Sião ser instrumento dessa mesma riqueza.

Sabedoria e conhecimento

Embora diferentes, são essenciais; trata-se de princípios estabelecidos para a Igreja. A sabedoria vem do céu ou se aprende com o tempo; já o conhecimento se adquire por meio do estudo.

A sabedoria e o conhecimento são fundamentais para Sião, tanto a sabedoria espiritual, quanto a sabedoria da vida, assim como o conhecimento que se constrói buscando-se em Deus e na vida.

O temor do Senhor é o maior de todos os princípios, é o nosso maior tesouro. Temor não é ter medo, mas, sim, ter reverência, respeito, submissão e sujeição. O maior tesouro de Sião é ser de Deus e tê-lo como seu Deus, poder declarar isso com veracidade e clareza!

Como cantou a banda P.O.D. na clássica música *Sleeping Awake*, da trilogia cinematográfica *Matrix*:

> Profetize; interprete os sinais.
> Nada é realmente o que parece.
> Sonhando com Sião acordado.
> Dormindo acordado.
> Sonhando com Sião acordado.
> Não posso parar de dormir acordado.

Isaías 36

NO REINADO DO REI EZEQUIAS, em Israel, a Bíblia relata em Isaías 36 (também em 2Reis 18 e em 2Crônicas 32) que o rei Senaqueribe, da Assíria, enviou um grande exército para tomar Israel.

Como de costume, Ezequias enviou uma comissão para discutir uma trégua, um tratado ou até mesmo as regras da batalha (era comum os comandantes se reunirem na época para "organizar" a batalha). Foram enviados três importantes homens da corte que ouviram a proposta do comandante do exército assírio:

> "Faça, agora, um acordo com o meu senhor, o rei da Assíria: Eu darei a você dois mil cavalos — se você puder pôr cavaleiros neles!" (Isaías 36.8).

O comandante propôs um acordo. Um acordo que faria do povo de Israel escravos dos assírios. Um acordo pelo qual Israel ainda receberia "dois mil cavalos". Um acordo. Isaías, o profeta, foi consultado pelo rei Ezequias. O Senhor falou ao rei e ao povo por meio do profeta:

> "[...] Assim diz o SENHOR: 'Não tenha medo das palavras que você ouviu, das blasfêmias que os servos do rei da Assíria falaram contra mim. Porei nele um espírito para que, quando ouvir uma certa notícia, volte à sua própria terra, e ali farei com que seja morto à espada' " (Isaías 37.6,7).

E foi exatamente o que aconteceu.

Mas eu quero que você fique atento a uma lição que devemos aprender dessa história: *Diante de uma grande batalha e antes de uma grande vitória, o nosso inimigo tentará propor um acordo.*

Um acordo teoricamente vantajoso, que impossibilitaria você de lutar.

Deus não é e não age assim. Ele é o Senhor da guerra. Ele enfrenta suas batalhas e nos prepara para as guerras.

Deus tem caminhos. Ele não faz atalhos.

Reclamação

QUEM NUNCA RECLAMOU DE ALGO? Seria mais fácil perguntar quantas vezes você já reclamou hoje. Com certeza, não foi apenas uma vez; certamente foram muitas as vezes durante uma vida inteira.

E quantas vezes já reclamou com Deus por alguma coisa que aconteceu com você? Tenho certeza que já o fez. Afinal, ele também é o nosso Pai.

O problema não é a reclamação em si, muitas vezes feita em tom de desabafo. O problema está quando a murmuração contamina o coração, expulsando dele a confiança e a esperança em Deus.

Isaías 40 fala um pouco sobre reclamação:

> Por que você reclama, ó Jacó, e por que se queixa, ó Israel: "O SENHOR não se interessa pela minha situação; o meu Deus não considera a minha causa"? (v. 27).

Veja como muitas vezes os versículos se encaixam perfeitamente com a nossa situação. Quantas vezes pensamos e reclamamos que Deus não se importava com a nossa situação? Isaías, no capítulo 40, faz uma bela reflexão a esse respeito. Eis algumas:

> Quem definiu limites para o Espírito do SENHOR, ou o instruiu como seu conselheiro? A quem o SENHOR consultou que pudesse esclarecê-lo, e que lhe ensinasse a julgar com justiça? Quem lhe ensinou o conhecimento ou lhe apontou o caminho da sabedoria? (v. 13,14).

> Com quem vocês compararão Deus? Como poderão representá-lo? (v. 18).

Pleno da vida de Deus, o profeta rebate dizendo que o nosso Soberano não pode ser limitado aos problemas humanos. Sua análise é atemporal. É macro, não micro. Seu propósito não é apenas terreno; é eterno.

" 'Com quem vocês vão me comparar? Quem se assemelha a mim?', pergunta o Santo". (v. 25)

Ele está acima de todas as coisas. Inclusive dos motivos que nos levam a reclamar. A resposta é maravilhosa para todas as situações de reclamação que temos:

> Será que você não sabe? Nunca ouviu falar? O SENHOR é o Deus eterno, o Criador de toda a terra. Ele não se cansa nem fica exausto; sua sabedoria é insondável (v. 28).

Ele está trabalhando por você mesmo quando você reclama dele e para ele. Sim, ele não se cansa. Ele trabalha quando você está dormindo. Seu caminho é construído em meio à tempestade. Ele trabalha por você se você espera nele!

> Mas aqueles que esperam no SENHOR renovam as suas forças. Voam alto como águias; correm e não ficam exaustos, andam e não se cansam. (Isaías 40.31)

Resgatados

ISAÍAS 43 É DAQUELES CAPÍTULOS na Bíblia que vale a pena ler, reler, estudar, ler mais uma vez, declarar... Trata-se de um texto poderoso e maravilhoso, que expressa a graça misericordiosa de Deus na nossa vida. Poderíamos escrever centenas de estudos baseados em Isaías 43 e ainda assim não conseguiríamos entender, interpretar e ministrar todas as verdades descritas pelo profeta, ouvindo diretamente de Deus.

Ele começa:

> Mas agora assim diz o SENHOR, aquele que o criou, ó Jacó, aquele que o formou, ó Israel: "Não tema, pois eu o resgatei; eu o chamei pelo nome; você é meu. Quando você atravessar as águas, eu estarei com você; quando você atravessar os rios, eles não o encobrirão. Quando você andar através do fogo, não se queimará; as chamas não o deixarão em brasas" (v. 1,2)

Vou me concentrar na expressão "eu o resgatei". Já que se trata de um resgate, então houve um sequestro e um cativeiro. Fomos sequestrados pelo poder do engano, pela ação mentirosa do Diabo e do prazer no pecado. De fato, esse prazer pode existir, mas é transitório e mentiroso.

Fomos levados ao cativeiro do pecado, e lá ficamos até o resgate ser pago. Daí o amor de Deus se revela:

> "Pois eu sou o SENHOR, o seu Deus, o Santo de Israel, o seu Salvador; dou o Egito como resgate para livrá-lo, a Etiópia e Sebá em troca de você" (v. 3).

Deus estava e está disposto a dar "o Egito", "a Etiópia e Sebá" em troca de você. Mas, na verdade, o preço foi maior ainda. O amor dele era tão grande que deu seu próprio Filho em resgate por todos nós.

Não podemos, sob pena de heresia, dizer que podemos fazer algo pela nossa salvação. A salvação é pela graça. E a graça é pelo simples fato de recebermos Jesus como nosso Senhor e Resgatador, ou seja, aceitarmos o resgate.

No entanto, há uma contrapartida para a manifestação da graça: o arrependimento. João Batista disse: " 'O tempo é chegado' [...]. 'O Reino de Deus está próximo. Arrependam-se e creiam nas boas-novas!' " (Marcos 1.15). Boas-novas é o significado da palavra "evangelho". Você de fato crê no evangelho e recebe a graça quando se arrepende.

É por isso que Isaías profeticamente (sendo usado pela voz de Deus) diz no versículo 8: "Traga o povo que tem olhos, mas é cego, que tem ouvidos, mas é surdo".

Frequentar a igreja talvez nos permita ter olhos e ouvidos. Mas a visão e a audição vêm de um relacionamento profundo com Deus.

É esse relacionamento que de fato gera o arrependimento.

> Agora, porém, me alegro, não porque vocês foram entristecidos, mas porque a tristeza os levou ao arrependimento. Pois vocês se entristeceram como Deus desejava e de forma alguma foram prejudicados por nossa causa. A tristeza segundo Deus não produz remorso, mas sim um arrependimento que leva à salvação, e a tristeza segundo o mundo produz morte. (2Coríntios 7.9,10)

Quando, portanto, nos arrependemos, recebemos a graça e a salvação de Cristo Jesus. Com os primeiros passos na fé, recebemos os olhos e os ouvidos; com a profundidade em Deus, recebemos a audição e a visão.

> "Sou eu, eu mesmo, aquele que apaga suas transgressões, por amor de mim, e que não se lembra mais de seus pecados." (Isaías 43.25)

Fé inteligente

SOU A FAVOR DE UMA fé inteligente. Por mais que existam coisas que devemos tratar unicamente como questões sobrenaturais, outras exigem o mínimo de razoabilidade.

Entre elas se destaca o crer para ver. Ou o crer para receber. Deveríamos buscar Deus por quem ele é! Mas, como somos humanos, sujeitos às paixões e à nossa natureza, o razoável muitas vezes é servir-lhe pelo que ele pode fazer. Se não razoável, convenhamos que é mais inteligente.

No entanto, há aqueles que insistem em se afastar dele e se entregar ao pecado. Literalmente burrice, pois, como dizia o poeta, "a vida passa rápido e o pão custa caro".

> Busquem o SENHOR enquanto é possível achá-lo; clamem por ele enquanto está perto. Que o ímpio abandone o seu caminho; e o homem mau, os seus pensamentos. Volte-se ele para o SENHOR, que terá misericórdia dele; volte-se para o nosso Deus, pois ele dá de bom grado o seu perdão. (Isaías 55.6,7)

Como foi em Isaías, que precisava conhecer o futuro por meio do oráculo divino, podemos afirmar que o alerta tinha a ver com perder a capacidade de se relacionar com Deus por causa da morte, mas também se referia a tomar um caminho de afastamento cuja volta seria extremamente difícil ou até mesmo impossível, como diz o autor de Hebreus em Hebreus 6.4-6.

Deus, segundo Isaías, "terá misericórdia" e dará "de bom grado o seu perdão" ao ímpio que "abandone o seu caminho; e o homem mau, os seus pensamentos."

Isaías ao mesmo tempo ilustrava a capacidade da onisciência de Deus (saber tudo, inclusive atemporalmente).

> "Pois os meus pensamentos não são os pensamentos de vocês, nem os seus caminhos são os meus caminhos", declara o SENHOR. "Assim como os céus são mais altos do que a terra, também os meus caminhos são mais altos do que os seus caminhos; e os meus pensamentos, mais altos do que os seus pensamentos". (v. 8,9)

Deus não pensa como nós e não enxerga restritivamente ao presente como nós. Seus olhos veem em um só momento o presente, o passado e o futuro de alguém. A teoria da relatividade de Einstein encaixa na sabedoria divina.

Quando ele nos exorta a deixar um caminho errado, ele o faz com sua capacidade de enxergar o futuro. O que estamos semeando e consequentemente o futuro estão diante de seus olhos.

Deus sabe o dia em que você vai morrer!

Então é no mínimo inteligente, considerando o mundo em que vivemos e a esperança que nos aguarda após a vida terrena, ouvir suas exortações! Até porque não há ninguém que se interesse mais por nós do que ele!

> "Assim como a chuva e a neve descem dos céus e não voltam para eles sem regarem a terra e fazerem-na brotar e florescer, para ela produzir semente para o semeador e pão para o que come, assim também ocorre com a palavra que sai da minha boca: ela não voltará para mim vazia, mas fará o que desejo e atingirá o propósito para o qual a enviei." (v. 10,11)

O que Deus falou vai se cumprir! O compromisso maior dele é com sua palavra. Deus não quebra a palavra! É tempo de arrependimento antes que seja tarde demais!

Deus trabalha por você

ISAÍAS, O PROFETA MESSIÂNICO, TROUXE uma revelação surpreendente para aquecer e manter a nossa fé em constante ação e poder:

> Desde os tempos antigos ninguém ouviu, nenhum ouvido percebeu, e olho nenhum viu outro Deus, além de ti, que trabalha para aqueles que nele esperam (Isaías 64.4).

Nosso Deus majestoso e misericordioso trabalha para aqueles que nele esperam. Não há outro igual. Além dele não há outro. Deus está trabalhando por quem nele confia!

Confiança é esperar com segurança, é entregar-se. É como entrar em um avião confiando no piloto e em sua equipe. Deus quer ser o piloto da nossa vida.

Isaías continua dizendo que ele vem "ajudar aqueles que praticam a justiça com alegria, que se lembram de[le] e dos [seus] caminhos" (v. 5). Ele é "socorro bem presente", ajuda incomparável para quem pratica a justiça com alegria, se lembra dele e anda em seus caminhos.

Deus trabalha por nós. Ele nos ajuda.

Em Isaías 64.5, lemos: "[...] Mas, prosseguindo nós em nossos pecados, tu te iraste. Como, então, seremos salvos?". Isso quer dizer que, mesmo confiando nele, podemos errar. Infelizmente, sim. São inúmeros exemplos bíblicos de homens e mulheres que, por mais dedicados que foram ao Senhor, erraram, pecaram ou voltaram a pecar.

"Somos como o impuro — todos nós! Todos os nossos atos de justiça são como trapo imundo." Definia o profeta: "[...] as nossas iniquidades nos levam para longe" (v. 6) — para longe de Deus e de sua presença.

Deus trabalha por nós, ao mesmo tempo que trabalhamos contra nós mesmos por meio das nossas iniquidades. Estas nos afastam de Deus e nos levam a perecer (v. 7).

As consequências do pecado na nossa vida ultrapassam o natural, pois nos atingem na integridade espiritual e emocional. Ficamos enfermos, mesmo com o corpo saudável.

Deus trabalha por nós, todavia podemos ficar doentes se vivermos em pecado. Doentes física, emocional e espiritualmente.

"Contudo [...]", como amo essa expressão na Bíblia, "[...] SENHOR, tu és o nosso Pai. Nós somos o barro; tu és o oleiro. Todos nós somos obra das tuas mãos" (v. 8). Mesmo doentes ou presos nas iniquidades, podemos voltar à Casa do Oleiro, onde poderemos ser refeitos. Somos obras em suas mãos. Obras que constantemente são melhoradas, aperfeiçoadas e limpas.

Às vezes, ele usa as circunstâncias da vida para nos dar as formas necessárias, como o oleiro ao fazer um vaso. Ou seja, ele sempre trabalha por aqueles que confiam nele.

Jeremias nos dá um estudo extenso de tempos como o nosso, quando o homem tem desviado de Deus, e a sociedade tem se tornado pós-cristã.

— Francis Schaeffer

Jeremias

Arrependimento

O PROFETA JEREMIAS FOI O profeta do caos e ao mesmo tempo o profeta chorão. Apregoou caos ao povo de Israel e a outros povos em consequência de seus pecados e chorava por esse povo, e por si mesmo, clamando sempre por misericórdia. No capítulo 15 de seu livro, encontramos profecias de caos, o clamor do profeta e a resposta de Deus ao povo e a seu servo.

O povo estava condenado em razão de seus inúmeros erros e pecados, tanto que o texto começa com uma severa advertência divina:

> Então o SENHOR me disse: "Ainda que Moisés e Samuel estivessem diante de mim, intercedendo por este povo, eu não lhes mostraria favor. Expulse-os da minha presença! Que saiam!" (Jeremias 15.1).

O pecado e o desdém eram de tal monta que nem mesmo dois homens justos e renomados intercessores como Moisés e Samuel conseguiriam mudar o intento. Deus estava decidido a enviar "quatro tipos de destruidores": "a espada para matar, os cães para dilacerar, as aves do céu e os animais selvagens para devorar e destruir" (v. 3).

Jeremias começa a clamar por sua própria vida no versículo 10: "Ai de mim, minha mãe, por me haver dado à luz! Pois sou um homem em luta e em contenda com a terra toda! Nunca emprestei nem tomei emprestado, e assim mesmo todos me amaldiçoam".

No versículo 18, ele fala de sua dor permanente. Era um homem correto, profeta do Senhor em meio a uma geração e a reinos corruptos e pecaminosos.

Ele podia dizer a Deus que o conhecia bem (v. 15), ou seja, Deus conhecia as intenções do coração do profeta. Mesmo com os erros involuntários ou a tendência carnal adâmica, o profeta estava voltado a servir ao Senhor.

Ele era apaixonado pela palavra do Senhor: "Quando as tuas palavras foram encontradas, eu as comi; elas são a minha alegria e o meu júbilo, pois pertenço a ti, SENHOR Deus dos Exércitos" (v. 16).

Seus relacionamentos eram santos. Ele rejeitava o relacionamento com quem encontrava prazer no pecado e no mundo (v. 17). O intento de seu coração, em suas atitudes e seu amor pela palavra de Deus, levou o Senhor a responder ao coração desesperado do profeta:

> O SENHOR disse: "Eu certamente o fortaleci para o bem e intervim por você, na época da desgraça e da adversidade, por causa do inimigo" (Jeremias 15.11).

E ainda:

> Assim respondeu o SENHOR: "Se você se arrepender, eu o restaurarei para que possa me servir; se você disser palavras de valor, e não indignas, será o meu porta-voz. Deixe este povo voltar-se para você, mas não se volte para eles. Eu farei de você uma muralha de bronze fortificada diante deste povo; lutarão contra você, mas não o vencerão, pois estou com você para resgatá-lo e salvá-lo", declara o SENHOR. "Eu o livrarei das mãos dos ímpios e o resgatarei das garras dos violentos" (v. 19-21).

Deus fortaleceria com as circunstâncias e com a unção profética a vida de Jeremias. Deus interveio para o bem, a fim de que tudo cooperasse para abençoar o profeta, até mesmo as adversidades.

O profeta seria uma muralha de bronze fortificada diante do povo, diante daqueles que o atacavam. Aqueles que lutassem contra ele seriam derrotados. Pois Deus pelejava pelo profeta.

Havia, porém, uma exigência. A consagração de alguém não se resume a seus intentos. A intenção é algo precioso, bem como o amor pela palavra de Deus. Mas ao profeta foi exigido algo que estava além de sua ação profética ou de seu ministério. Tinha a ver com sua humanidade.

O profeta precisava se arrepender. Arrependimento. Se a ele foi pedido arrependimento, é porque algo existia na vida do profeta que desagradava ao Senhor. Vamos reler novamente:

> Assim respondeu o SENHOR: "Se você se arrepender, eu o restaurarei para que possa me servir; se você disser palavras de valor, e não indignas, será o meu porta-voz. Deixe este povo voltar-se para você, mas não se volte para eles".

Há três pistas do que poderia estar desagradando a Deus na vida de Jeremias: "possa me servir", "o meu porta-voz" e "mas não se volte para eles".

O ministério de Jeremias exigia dele muitos sacrifícios. Jeremias recebeu ainda moço uma ordem do Senhor para não se casar. Ser casto. Imagina um jovem receber tal direção. Ele foi preso por pregar a palavra. Apanhou por pregar a palavra. Mas, para ser porta-voz do Senhor e servir-lhe, precisava viver em meio a um *povo degenerado* sendo *um regenerado*.

Eles viriam ao encontro do profeta, mas ele jamais estaria com eles.

Ele influenciaria, mas não se deixaria influenciar. Este é, sem dúvida, o nosso grande desafio nos dias de hoje.

Sentimento *versus* realidade

CUIDADO COM OS SENTIMENTOS. Não tome decisões com base neles. O *sentimento geralmente não representa a realidade!* Converse, procure saber a verdade, pois o *engano* é a maior arma de Satanás contra a liderança cristã. Pense nisso!

O profeta Jeremias nos alerta sobre o tema:

> "O coração é mais enganoso que qualquer outra coisa e sua doença é incurável. Quem é capaz de compreendê-lo? "Eu, sou o SENHOR, que sonda o coração e examina a mente, para recompensar a cada um de acordo com a sua conduta, de acordo com as suas obras" (Jeremias 17.9,10).

Shakespeare afirma: "Não posso escolher como me sinto, mas posso escolher o que fazer a respeito".[2] Às vezes, não controlamos os sentimentos, mas é extremamente necessário não permitir que eles nos controlem. Os sentimentos não são a realidade, mas podem afetar a realidade que vivemos.

Sujeitar os seus sentimentos a Deus não é apenas um princípio cristão; é algo sábio. A raiva descontrolada, o ódio, a tristeza demasiada são uma amargura incurável, que deturpam a realidade e fazem você tomar decisões equivocadas. Esses sentimentos só podem e devem ser controlados por Deus. E o Espírito Santo, em sua rica bondade, concederá a você o domínio próprio.

[2] Fala da obra teatral "A tempestade", na Parte 2, de William Shakespeare, reproduzida por diversas companhias de teatro. A citação, no entanto, não é necessariamente literal de uma tradução específica da obra. [N. do E.]

Confiar no homem

JEREMIAS 17 É UM TEXTO conhecido por todos e mesmo assim muito pouco compreendido.

No versículo 5, lemos: "[...] 'Maldito é o homem que confia nos homens [...]' ". Não se trata de uma revelação que visa a nos impedir de confiar em todos os homens. Se assim fosse, não poderíamos confiar nem mesmo em nossos cônjuges ou parentes próximos.

Mas o texto continua: "[...] que faz da humanidade mortal a sua força, mas cujo coração se afasta do SENHOR". Maldito é quem confia mais na humanidade em detrimento do Senhor: que se afasta de Deus para se aproximar da humanidade, inclusive de sua própria.

Como a Bíblia segue um padrão de causas e consequências, na continuação o profeta afirma que tal pessoa "será como um arbusto no deserto; não verá quando vier algum bem. Habitará nos lugares áridos do deserto, numa terra salgada onde não vive ninguém" (v. 6).

A "maldição" é clara. A consequência de confiar, de escolher a humanidade em lugar de Deus é ser "como um arbusto no deserto", solitário, que não consegue ver quando algum bem se aproxima.

"Mas bendito é o homem cuja confiança está no SENHOR, cuja confiança nele está". No versículo 7 Jeremias revela o outro caminho: confiar em Deus! Na versão *King James,* a expressão utilizada é "cuja confiança está totalmente depositada" nele. Confiar na totalidade, sem espaço para dúvidas e divisões. Sem espaço para dúvidas mesmo quando tudo diz que não há possibilidade, mesmo diante da fragilidade da carne, mesmo quando o pecado está à porta e o desejo de ser contra. Confiar!

A consequência de se confiar no Eterno é ser "como uma árvore plantada junto às águas e que estende as suas raízes para o ribeiro" (v. 8).

A comparação com a árvore na vida cristã não é à toa. Quando bem enraizada, bem nutrida e junto a águas correntes, a árvore sempre é vistosa, viva, frutífera e forte.

E ainda: "[...] não temerá quando chegar o calor, porque as suas folhas estão sempre verdes; não ficará ansiosa no ano da seca nem deixará de dar fruto". Confiar em Deus e rejeitar a carne leva-nos a vencer a ansiedade, ter folhas sempre verdes e não ter o que temer quando vier o calor!

Termino com uma forte expressão profética de Jeremias:

> O coração é mais enganoso que qualquer outra coisa e sua doença é incurável. Quem é capaz de compreendê-lo? (Jeremias 17.9).

Não é sem motivo que Salomão ensina que antes de qualquer coisa devemos guardar o coração, pois é dele que surgem as fontes da vida, ou seja, as emoções e os sentimentos (cf. Provérbios 4.23).

Quando somos traídos pelos nossos sentimentos e emoções, por tendências carnais e pecaminosas, muitas vezes deixamos de confiar em Deus!

A carne quer pecar, pecamos. A mente quer sofrer, sofremos. A língua quer murmurar, murmuramos.

Mas o coração é enganoso. O original fala em algo "irremediável", em "uma doença incurável". Em algumas traduções, usa-se a expressão "corruptível".

Precisamos de um novo coração. E que esse novo coração seja diária e constantemente renovado:

> "Darei a vocês um coração novo e porei um espírito novo em vocês [...]" (Ezequiel 36.26).

> Cria em mim um coração puro, ó Deus, e renova dentro de mim um espírito estável (Salmos 51.10).

Errar e acertar

A NOSSA FORMAÇÃO HUMANA É cheia de acertos e erros. São eles que nos definem. Querer sempre acertar é o caminho, mas não é algo que se possa atingir. Erros e acertos fazem parte do que somos, entretanto devemos nos preocupar com isso.

O profeta Jeremias narra sobre uma pessoa que acertou e errou de forma definitiva. Seu erro falou mais alto que o acerto. Trata-se de Joanã. (Jeremias 41).

Ao saber das atrocidades cometidas por Ismael, que, além de matar o governante da região, seus assessores e vários outros inocentes, literalmente sequestrou o povo de Israel (um povo que já passava por muito sofrimento e privações, visto que já era servo da Babilônia), Joanã, *tomado por um senso de justiça,* foi em sua direção, com homens financiados por ele e libertou o povo.

Logo depois, Joanã, temendo a Nabucodonosor, consulta Jeremias se eles deveriam fugir para o Egito. Jeremias severamente advertiu, depois de dez dias buscando a resposta do Senhor, que eles não deveriam fazê-lo. (Jeremias 42).

Acontece que Joanã desprezou a palavra de Jeremias, confrontando, criticando e acusando o profeta falsamente. Ele levou o povo a desobedecer a Deus e ao profeta, indo para o Egito. O exército da Babilônia invadiu o Egito, destruiu o país e matou vários daqueles rebeldes, como foi profetizado pelo profeta.

Salomão nos faz uma advertência em Eclesiastes 9.18b: "[...] um só pecador destrói muita coisa boa". O próprio Salomão é exemplo de quem acertou muito no começo de seu reinado, até pensar que tinha "direitos adquiridos"; errou muito influenciado por sua carnalidade (paixão por mulheres) e depois, acredito eu, pois não há uma comprovação teológica, talvez tenha corrigido o rumo e retornado ao caminho certo.

Que Deus tenha misericórdia de nós!

Espada

"Mas como poderá ela descansar quando o
SENHOR lhe deu ordens [...]?"
(JEREMIAS 47.7)

"Maldito o que faz com negligência o trabalho do SENHOR!
Maldito aquele que impede a sua estada de derramar sangue!"
(JEREMIAS 48.10)

TANTO O PRIMEIRO QUANTO O segundo versículos referem-se à espada! Fazer a obra de Deus relaxadamente é também evitar as guerras que ele trava e que nos ordena a batalhar. Maldito é aquele que lhe desobedece. Maldito é aquele que se acovarda. Maldito é o relaxado naquilo que Deus o designou para fazer.

O final de Hebreus 4.7 diz: "Se hoje vocês ouvirem a sua voz, não endureçam o coração". O coração endurecido perde a sensibilidade e deixa de acionar o cardiologista por falta de vontade. Resultado: o miocárdio é bloqueado e ocorre o infarto; nesse caso, recorrer ao médico, na maioria das vezes, pode ser tarde demais. Portanto, não deixemos que os sentimentos, as emoções e o apego às coisas deste mundo endureçam ou acovardem o nosso coração, para não perdermos a sensibilidade da voz de Deus.

William Gurnall dizia que "o cristão precisa tanto da espada quanto da colher de pedreiro". Parafraseando o pregador cristão, além da espada, o cristão precisa estar sempre atento ao coração. Dele procedem as fontes da vida. Sejam fontes boas ou ruins.

A espada na mão e o coração bem cuidado transformam o cristão em um guerreiro extraordinário.

Chamado de Deus

O TEXTO DE JEREMIAS 20.7-18 relata uma oração-lamentação que ele fez diante do Senhor. Jeremias, de personalidade forte, mas insegura, não entendia o porquê de ser um profeta que apregoava tanta destruição, mediante o pecado do povo.

Nesses versículos, percebe-se que Jeremias queria parar, estava cansado, sofria muita perseguição, incluindo a dos sacerdotes do templo. Ele tinha acabado de ser espancado e encarcerado a mando de Pasur, o líder do templo.

Jeremias queria parar. Não queria continuar aquele laborioso e difícil ministério profético. Mas, em meio à lamentação, ele diz:

> [...] "Não o mencionarei nem mais falarei em seu nome", é como se um fogo ardesse em meu coração, um fogo dentro de mim. Estou exausto tentando contê-lo; já não posso mais! (Jeremias 20.9).

A *Nova Versão Internacional* diz: "[...] é como se um fogo ardesse em meu coração, um fogo dentro de mim [...]". O profeta sentia que seu chamado queimava-lhe o coração!

Jeremias queria parar, mas não conseguiu porque seu coração ardia em *chamas* em razão da sua vocação profética. Ele até tentava conter seu ministério, mas ficava "exausto", desfalecendo "de sofrer".

Quando tentamos impedir o *chamado de Deus* na nossa vida, ficamos cada vez mais exaustos e desfalecidos. Sofremos com isso. Impedir o chamado de Deus é autodestruição emocional, mental, espiritual e até física.

E como identificar? O fogo queima o coração, e queima a nossa carne. Ou seja, é a chama que impede você de ser carnal, para ser espiritual.

Há vontades próprias que muitas vezes confundimos com chamado, mas não é. Geralmente a vontade de Deus confronta a nossa vontade, já que somos imperfeitos e ele e sua vontade são perfeitos.

A carne milita contra o espírito. E a arma usada pelo Espírito é o fogo que queima. Você não pode conter esse fogo! Tentar só vai levar você ao esgotamento, ou, como experimentou Jeremias, à exaustão e ao sofrimento.

O centro da minha mensagem foi
e sempre será Jesus Cristo crucificado.
– Billy Graham

Todas as coisas misteriosas e maravilhosas.
– Stuart Briscoe,
em referência ao livro de Ezequiel

Ezequiel

Dois pedaços de madeira

NA SEGUNDA PARTE DO MARAVILHOSO texto de Ezequiel 37, lemos uma palavra que veio ao profeta diretamente do trono de Deus!

Acompanhe:

> Esta palavra do SENHOR veio a mim: "Filho do homem, escreva num pedaço de madeira: Pertencente a Judá e aos israelitas, seus companheiros. Depois escreva noutro pedaço de madeira: Vara de Efraim, pertencente a José e a toda a nação de Israel, seus companheiros. Junte-os numa única vara para que se tornem uma só em sua mão" (v. 15-17).

Dois pedaços de madeira. Um representando José e Efraim e outro representando Judá, seriam unidos tornando-se apenas um na mão profética.

Ambos representavam o reino de Israel dividido no reinado de Roboão. Os herdeiros de José, o qual por direito divino se tornou o primogênito de seu pai, Jacó, ficaram de um lado, rebelando-se e seguindo a Jeroboão, com exceção da tribo de Judá, que ficou de outro lado, seguindo a casa de Davi até o fim.

Então Deus revela a restauração mediante o ajuntamento de dois pedaços de madeira. O profeta continua dizendo que, com os dois pedaços de madeira, Deus uniria seu povo para um reinado de um único Rei:

> "Eu os farei uma única nação na terra, nos montes de Israel. Haverá um único rei sobre todos eles, e nunca mais serão duas nações, nem estarão divididos em dois reinos. Não se contaminarão mais com seus ídolos e imagens detestáveis, nem com

> nenhuma de suas transgressões, pois eu os salvarei de todas as suas apostasias pecaminosas e os purificarei. Eles serão o meu povo, e eu serei o seu Deus (v. 22,23).

Por meio da união de dois pedaços de madeira, Deus purificaria o povo de suas contaminações, abominações e transgressões. Mediante o ajuntamento de dois pedaços de madeira, Deus livraria seu povo das "apostasias pecaminosas".

Mediante a união de dois pedaços de madeira, Deus tomaria para si um povo, e este o tomaria como seu:

> "O meu servo Davi será rei sobre eles, e todos eles terão um só pastor. Seguirão as minhas leis e terão o cuidado de obedecer aos meus decretos" (v. 24).

Mediante a união de dois pedaços de madeira, o servo Davi reinará, segundo o texto, tendo como referência algo a partir da época de Ezequiel. Como Davi já havia morrido havia mais de trezentos anos, o profeta faz uma profecia, referindo-se à descendência de Davi.

Esse "descendente terreno" de Davi terá o papel exclusivo pastoral do povo unido que será guiado pela justiça. Pela justificação.

A junção de dois pedaços de madeira daria o direito a esse descendente de guiar e justificar o povo. A união desses dois pedaços de madeira justificou um povo que terá um novo reino de eterna aliança de paz (v. 26).

A junção de dois pedaços de madeira colocará o santuário do Deus Vivo "no meio deles, para sempre". Com isso, o tabernáculo de Deus "estará com eles". Só há tabernáculo de Deus quando há ação do Espírito Santo de Deus. O que torna algo ou alguém um tabernáculo é a presença do Espírito Santo.

A união de dois pedaços de madeira liberaria a ação do Espírito Santo em meio ao povo, fazendo de seu povo tabernáculo de Deus.

Por fim, a união de dois pedaços de madeira fará que as nações saibam que o Senhor é quem santifica Israel "quando o meu santuário estiver entre eles para sempre" (v. 28).

Veja o poder maravilhoso dessa união de dois pedaços de madeira. Imagino que o profeta tenha segurado os dois pedaços da mesma forma que Jesus carregou e foi morto: em forma de uma cruz.

Eis o poder da obra que Cristo Jesus, descendente terreno do rei Davi e divinamente unigênito, descendente de Deus, fez por meio de dois pedaços de madeira. Algo profetizado anos antes por Ezequiel.

Com dois pedaços de madeira, Deus marcou e mudou a História!

O tema geral de Daniel é a soberania de Deus
sobre o povo de Israel e as nações do mundo [...].
Deus sempre triunfante.

– Ed Hindson

Daniel

Corar de vergonha

DANIEL ERA DE FATO ESPECIAL. A trajetória de Daniel é fantástica do começo ao fim. Para resumir bem, Daniel ocupou postos-chave no governo em dois impérios gigantescos, durante o reinado de no mínimo cinco reis.

No capítulo 9, registra-se uma oração poderosa de Daniel sobre arrependimento. Daniel sabia, até porque constantemente recebia visões de Deus, que apenas um coração quebrantado atrai a Deus, e apenas o verdadeiro arrependimento pode mudar as consequências do pecado na nossa vida.

Somente o arrependimento genuíno tem o poder de anular as consequências do pecado em nós; talvez por isso, nessa oração poderosa, que culminou com a visita do anjo Gabriel para uma aula particular sobre "visões", Daniel diz uma frase reveladora: "Ó SENHOR, nós e nossos reis, nossos líderes e nossos antepassados estamos envergonhados por termos pecado contra ti" (Daniel 9.8). Da mesma forma que a Deus pertencem a misericórdia e o perdão (v. 9), a nós cabe ficar extremamente envergonhados e arrependidos por termos cometido pecados, entristecendo, assim, o Deus santo.

Daniel fala sobre rebeldia, sobre desobediência, sobre desrespeito à voz dos profetas. Fala também sobre agir perversamente e sobre se apartar dos juízos de Deus. O que tem feito você "corar de vergonha" diante de Deus?

No versículo 19, Daniel afirma que Deus:

- Ouve
- Perdoa
- Vê
- Age

Pense nisso e entregue a sua lista de itens “vergonhosos” diante dele. Arrependa-se, envergonhe-se, confesse, receba o perdão, porque, da mesma forma que Daniel, você também é muito amado (cf. v. 23) por Deus.

> “[...] Não te fazemos pedidos por sermos justos, mas por causa da tua grande misericórdia”. (Daniel 9.18)

Oseias revela o profeta do
coração quebrantado.
– John R. Sampey

Oseias

O pouco que aprendemos

OSEIAS 7, TRAZ UMA MENSAGEM contundente contra o povo de Efraim e de Samaria. São mensagens fortes para lugares nos quais ninguém invoca o Senhor: "[...] não se volta para o SENHOR, para o seu Deus, e não o busca" (v. 10), são enganados e sem entendimento (cf. v. 11), afastaram-se de Deus e se rebelaram contra ele (cf. v. 12,13). Características de um grupo que não anda segundo os preceitos religiosos estabelecidos. Mas Oseias identifica outro grupo entre os moradores de Efraim e Samaria. No versículo 14, diz: "Eles não clamam a mim do fundo do coração quando gemem orando em suas camas. Ajuntam-se por causa do trigo e do vinho, mas se afastam de mim".

Esse "outro" grupo está pronto para as bênçãos naturais (trigo), como dinheiro, carro, casa e sucesso profissional, e também para as bênçãos emocionais (vinho), como vida sentimental, por exemplo, mas, para a bênção do azeite, a espiritual, o chamado, a unção, não querem saber ou não dão a devida importância.

A "cama" representa descanso, aconchego e também prazer. Pessoas que buscam seu conforto e prazer e se afastam de Deus no coração, pois não querem o sacrifício de louvor, de adoração, de devoção, de santificação, de consagração. Só o uivo da cama.

Oseias alerta sobre as consequências desses dois grupos no versículo 9: "Estrangeiros sugam sua força, mas ele não o percebe. Seu cabelo vai ficando grisalho, mas ele nem repara nisso". Ficam sem forças e envelhecidos espiritualmente e nem percebem.

Só se darão conta disso quando forem tão fracos a ponto de não conseguirem vencer suas lutas contra o inimigo, o qual se fortaleceu pela própria carne deles. No final do v. 12, Oseias pega pesado: "Quando os ouvir em sua reunião, eu os apanharei". Não é por falta de aviso. Não é por falta de ensinamento. Mas, mesmo que faltasse, seríamos julgados pelo pouco que aprendemos.

Obadias apresenta uma mensagem
de esperança ao povo de Deus
– David Boker

Obadias

Inimigos de nós mesmos

O LIVRO DO PROFETA OBADIAS é o menor livro do Antigo Testamento e talvez por isso há poucas informações sobre quem foi esse profeta. Há muitas tradições, mas nenhuma teológica e historicamente comprovada, contudo não podemos diminuir sua importância, primeiro pelo simples fato de estar no cânon bíblico, ou seja, vontade do Espírito Santo; segundo, porque sua profecia contra Edom se cumpriu, comprovando sua veracidade vocacional. Nessa profecia contra os descendentes de Esaú, temos algumas revelações fortes para nós, lideres/servos.

Aliás, Obadias etimologicamente significa "servo de Deus".

Edom "dançou" porque ficou satisfeito com a desgraça de Israel, seu irmão de sangue. (Edom — filhos de Esaú; Israel — filhos de Jacó): "Você não devia ter olhado com satisfação o dia da desgraça de seu irmão; nem ter se alegrado com a destruição do povo de Judá; não devia ter falado com arrogância no dia da sua aflição" (Obadias 1.12). Alegrar-se com a desgraça de alguém de seu próprio povo é tão terrível quanto a condição dos que estão sofrendo.

Seremos tratados e julgados com a mesma medida que julgamos e tratamos os nossos irmãos: "[...] Como você fez, assim será feito a você. A maldade que você praticou recairá sobre você" (v. 15).

Jesus ensinou algo que sempre me causa temor: Como você mede alguém, você também será medido. (cf. Mateus 7.2).

O que mais requer atenção é algo que sempre comentei: a maior arma do Diabo contra o cristão verdadeiro é o engano. Mas Obadias, em sua profecia, demonstra que o engano não é gerado apenas por investidas do Diabo. Veja: "A arrogância do seu coração o tem enganado, você que vive nas cavidades das rochas e constrói sua morada no alto dos montes; que diz a você mesmo: 'Quem pode me derrubar?' " (v. 3). A nossa própria arrogância nos engana. Nós somos enganados por nós mesmos, não apenas pelo Diabo.

A arrogância destrói o sábio, impede o vencedor e engana o cristão, além de cegar o líder. A nossa própria arrogância nos engana. Às vezes, somos inimigos de nós mesmos! Vença a você mesmo! Lute contra a carne, as emoções, o orgulho! Sim, mate o orgulho rapidamente. Antes que a sua arrogância o engane! O versículo 21 diz: "Os vencedores subirão ao monte Sião para governar a montanha de Esaú. E o reino será do SENHOR".

Um dos melhores resumos da verdadeira
religião encontrados na Bíblia.
– G. Campell Morgan,
em referência ao livro de Miqueias

Miqueias

Um grande animal

> Contorça-se em agonia, ó povo da cidade de Sião, como a mulher em trabalho de parto, porque agora terá que deixar os seus muros para habitar em campo aberto. Você irá para a Babilônia, e lá será libertada. Lá o SENHOR a resgatará da mão dos seus inimigos. Mas agora muitas nações estão reunidas contra você. Elas dizem: "Que Sião seja profanada, e que isso aconteça diante dos nossos olhos!" Mas elas não conhecem os pensamentos do SENHOR; não compreendem o plano daquele que as ajunta como feixes para a eira. "Levante-se e debulhe, ó cidade de Sião, pois eu darei a você chifres de ferro e cascos de bronze para despedaçar muitas nações." Você consagrará ao SENHOR, ao Soberano de toda a terra, os ganhos ilícitos e a riqueza delas. (Miqueias 4.10-13)

MESMO QUANDO PRESOS NA BABILÔNIA, ou seja, presos na influência do mundo, temos a certeza por meio da graça de Deus que podemos encontrar remissão dos erros e pecados. Mas a graça, que nos eleva a níveis superiores, não impede que os nossos adversários espirituais, alguns usando homens, maquinem o mal contra nós. E não só maquinam ou planejam, como agem!

Ao servirmos ao Deus da guerra e pela graça, a manifestação da salvação de Cristo Jesus, ele age de forma poderosa e estratégica: "Mas elas não conhecem os pensamentos do SENHOR; não compreendem o plano daquele que as ajunta como feixes para a eira" (Miqueias 4.12).

Os nossos inimigos não sabem, mas, enquanto nos atacam, Deus os está anunciando como feixes. E para quê? "Levante-se e debulhe, ó cidade de Sião; pois eu darei a vocês chifres de ferro e cascos de bronze para despedaçar muitas nações' [...]" (v. 13).

Ao tomarmos posição, Deus fortalecerá a Igreja (cidade de Sião) com ferro e bronze. Imagine um grande animal com um chifre de ferro e cascos de bronze. Tudo isso para esmiuçar os inimigos ajuntados estrategicamente como feixes.

O resultado: "[...] Você consagrará ao SENHOR, ao Soberano de toda a terra, os ganhos ilícitos e a riqueza delas" (v. 13). Para ganhar muito e em muitas áreas e para que esse ganho seja consagrado ao Senhor, junto com os nossos bens. Seremos os que usufruirão de tudo, claro, mas de algo que pertence a quem nos fez com chifres de ferro e cascos de bronze. O meu projeto natural tem prazo de validade. O projeto eterno do Eterno sempre prevalece. Em nome do Pai da Eternidade, SENHOR Jesus.

Seu trabalho deve ser colocado na primeira fila da poesia bíblica.
– John MacArthur,
em referência ao livro de Naum

Naum

Tempestades

SUA VIDA ESTÁ PASSANDO POR uma tempestade? Existem vários tipos de tempestade que afligem o ser humano: emocionais, espirituais, naturais e físicas, por exemplo, enfermidade ou tentação; entre outras.

Deus provavelmente não é o motivo delas. Temos um adversário especialista em vendavais. No entanto, a maioria das tempestades que enfrentamos é produzida por nós mesmos, tanto em atitudes quanto em pensamentos.

Quem passa por uma tempestade, por mais forte que seja, só sucumbe se sua vida for edificada sobre a areia. Contudo, não há tempestade que consiga destruir aquele que estabeleceu a vida sobre a Rocha (cf. Mateus 7.24-27). Noé enfrentou o dilúvio, a maior de todas as tempestades. Depois do dilúvio, viveu mais trezentos e cinquenta anos (cf. Gênesis 9.28). Por mais forte que seja a chuva, o vento, a força das águas, quem está na Rocha não morre; passa pelo dilúvio, estabelece aliança com Deus e não morre. Não morre!

Sabe por quê?

Há uma passagem mais reveladora ainda:

> O SENHOR é muito paciente, mas o seu poder é imenso [...] O seu caminho está no vendaval e na tempestade, e as nuvens são a poeira de seus pés. Ele repreende o mar e o faz secar, faz que todos os rios se sequem [...] (Naum 1.3,4).

Logo, podemos ter a certeza de que em meio a essa tempestade ele vem andando sobre as águas para assumir o controle do nosso barco.

Você já sabe que no final o cristão vence a tempestade ou sobrevive a ela. Sabe também que, se Jesus estiver no barco, este não vira nem afunda, por mais forte que seja o vento.

Deus faz seu caminho no vendaval e na tempestade! Nas tempestades da vida, ele constrói seu caminho, mais puro, santo, fortalecido e preparado. "Do seu trono nos céus o Senhor põe-se a rir e caçoa deles." (Salmos 2.4.) O Senhor zomba de seus inimigos!

Aprendemos muito dele como pensador
e homem de fé mediante suas próprias palavras.
– Henrietta Mears

Habacuque

O inimigo da visão

> Então o SENHOR me respondeu: "Escreva claramente a visão em tábuas, para que se leia facilmente. Pois a visão aguarda um tempo designado; ela fala do fim e não falhará. Ainda que demore, espere-a; porque ela certamente virá e não se atrasará. Escreva: O ímpio está envaidecido; seus desejos não são bons; mas o justo viverá por sua fidelidade. De fato, a riqueza é ilusória, e o ímpio é arrogante e não descansa; ele é voraz como a sepultura e como a morte [...]". (Habacuque 2.2-5)

QUANDO DEUS ESTABELECE UMA VISÃO para um homem ou para um determinado grupo de pessoas, ele a revela com clareza para que, ao compartilhar com os outros, seus profetas o possam fazer de igual modo. Assim, quem ele escolhe pode entendê-la mesmo que passe correndo, porque pode ser lida facilmente. Ele também determina o prazo de início e de conclusão da visão. Como no caso de Moisés e Davi, que receberam a revelação e esperaram crendo, ele também nos faz esperar para que a nossa fé seja fortalecida. Qual é a nossa parte? Sobrevivermos às lutas para vivermos a plenitude da visão.

Contudo, isso só acontece se formos justos e vivermos pela fé.

A continuação é intrigante. Na *Nova Versão Internacional* a expressão é traduzida de forma mais enfática e impactante:

> "De fato, a riqueza é ilusória, e o ímpio é arrogante e não descansa; ele é voraz como a sepultura e como a morte. Nunca se satisfaz; apanha para si todas as nações e ajunta para si todos os povos" (v. 5).

Em contrapartida, quem vive pela fé também aprende que a riqueza é ilusória e que a arrogância nunca se satisfaz.

> "Busquem, pois, em primeiro lugar o Reino de Deus e a sua justiça, e todas essas coisas serão acrescentadas a vocês." (Mateus 6.33)

O inimigo de qualquer visão de Deus para o homem é a preocupação com a vida terrena e a arrogância. Sabendo disso, Jesus pregou fortemente que devemos buscar o Reino de Deus e a sua justiça primeiramente, para que as preocupações com o mundo sejam supridas por ele e assim deixemos de ser arrogantes.

Um olhar para além da desgraça e da destruição de um juízo mundial, o profeta relata uma imagem sublime dos tempos messiânicos.

— Homer Hailey,
em referência ao livro de Sofonias

Sofonias

Leviano

SEGUNDO O DICIONÁRIO, LEVIANO É aquele que se comporta insensatamente sem reflexão; irresponsável. Que demonstra ou indica falta de seriedade. Inconstante, sem consistência; volúvel.

Ou seja, uma pessoa leve, que sempre pensa "Que é que tem?". E geralmente responde à própria indagação: "Não tem nada a ver"! Estamos falando de um inconsequente. Não se preocupa ou finge não se preocupar com que os outros vão pensar.

Sofonias fala sobre homens levianos e os contextualiza com rebeldia:

> Seus profetas são irresponsáveis, são homens traiçoeiros. Seus sacerdotes profanam o santuário e fazem violência à lei. (Sofonias 3.4).

Já nas versões *King James, Almeida Revista e Atualizada*, entre outras, a palavra utilizada é: "Os seus profetas são levianos [...]". No versículo 2, Deus fala mais forte por meio de Sofonias, sobre esses homens:

> Não ouve ninguém, e não aceita correção. Não confia no SENHOR, não se aproxima do seu Deus.

Levianos são aqueles que *não ouvem ninguém*, além de não confiar em Deus e se afastar dele. Em praticamente vinte anos de ministério, vi algumas carreiras em Deus sendo desfeitas porque pessoas optaram por ser levianas. Não se importaram com o que outros pudessem pensar delas.

Digo carreira, porque não me refiro apenas ao ministério, mas também a outras áreas, como a vida profissional, o casamento etc.

Outros, em tom desafiador, por acreditarem estar certos, não ouviram ninguém, a não ser sua própria vaidade. Deixemos de ser levianos. Vamos nos preocupar com o que Deus pensa a nosso respeito.

O objetivo do evangelho de Mateus é
descrever as características do Reino de Deus.
— Earl D. Radmacher

Mateus

Siga a estrela

OS MAGOS DO ORIENTE BUSCAVAM JESUS.

> Depois que Jesus nasceu em Belém da Judeia, nos dias do rei Herodes, magos vindos do oriente chegaram a Jerusalém e perguntaram: "Onde está o recém-nascido rei dos judeus? Vimos a sua estrela no oriente e viemos adorá-lo". (Mateus 2.1,2)

A Bíblia pouco fala dos três magos, que erroneamente são chamados de reis. Não há comprovação histórica ou teológica de que o fossem. O que sabemos sobre eles é que eram estudiosos dos astros, das estrelas. Eram astrônomos com um pouco de misticismo. A expressão "magos", usada por Mateus, poderia muito bem ser "sábios", pois entre os persas se dizia "mago" àquele que os judeus chamavam "escriba", os gregos "filósofo" e os latinos "sábio".

Aqueles magos, ao estudarem uma nova estrela, algo que já fazia alguns meses que estava no céu (por isso, quando eles se encontraram com Jesus, é muito provável que o Messias já tivesse quase 2 anos de idade, e os encontraram "em casa", não na estrebaria, como se insiste em retratar, sem uma identificação clara). Pelos seus estudos, souberam que um "novo rei" havia nascido. Mas pela dedicação deles, pela distância da viagem e pelo preço dos presentes, podemos afirmar que sabiam que não se tratava de apenas mais um rei, e sim do Rei.

Seguiram a estrela. Ao chegar ao território chamado Judeia, procuraram o governante da região, de nome Herodes. Por que não procuraram o procurador de Roma na época, e sim o rei judeu? Provavelmente porque precisavam de alguém conhecedor das tradições judaicas e não queriam que Roma soubesse.

Um novo e poderoso rei não seria muito bem-vindo em Roma ("Quando o rei Herodes ouviu isso, ficou perturbado, e com ele toda Jerusalém" [Mateus 2.3]).

Herodes perguntou aos escribas que o assessoravam o que seria aquilo. Eles, pesquisando nos livros do profeta Jeremias, perceberam que se tratava de Belém, terra de Davi.

> Então Herodes chamou os magos secretamente e informou-se com eles a respeito do tempo exato em que a estrela tinha aparecido. Enviou-os a Belém e disse: "Vão informar-se com exatidão sobre o menino. Logo que o encontrarem, avisem-me, para que eu também vá adorá-lo". (Mateus 2.7,8)

Mas Herodes não queria adorá-lo. Herodes queria matá-lo. Por muitas vezes, o monarca se apresentou como " messias" para o povo de Israel. Não era da linhagem de Davi, mas de uma família muito rica que subornara Otávio César e Marco Antônio, governantes de Roma da época, com cujo apoio podia assumir a Judeia. Herodes, com seu dinheiro, chegou a financiar grupos que defendiam que ele era o rei esperado, os chamados "herodianos".

> Depois de ouvirem o rei, eles seguiram o seu caminho, e a estrela que tinham visto no oriente foi adiante deles, até que finalmente parou sobre o lugar onde estava o menino. Quando tornaram a ver a estrela, encheram-se de júbilo. Ao entrarem na casa, viram o menino com Maria, sua mãe, e, prostrando-se, o adoraram. Então abriram os seus tesouros e lhe deram presentes: ouro, incenso e mirra. (Mateus 2.9-11)

Os magos seguiram a estrela até chegar aonde estava Jesus. Eles o adoraram. E lhe deram três preciosos presentes. Acredita-se que com o preço, caríssimo, daquelas dádivas, José poderia ter sustentado sua família na fuga para o Egito e nos primeiros anos de vida de Jesus em Nazaré.

> E, tendo sido advertidos em sonho para não voltarem a Herodes, retornaram a sua terra por outro caminho. (Mateus 2.12)

Herodes não gostou. Mandou que matassem todas as crianças de até 2 anos de idade. Mas Jesus estava a salvo. Deus estava cuidando dele e de sua família terrena. E cuidou deles por meio daqueles três magos.

Chego à seguinte conclusão: siga a estrela. Seja sábio. Vá em direção a Jesus.

Reconhecer a estrela, aquele que pode levar você a Jesus, não é difícil. Acompanhe-o nesta viagem chamada "vida". Ao identificar a estrela, siga-a. Mas siga-a apenas se ela de fato o levar a Jesus.

Mas há "Herodes" no meio do caminho. Pessoas que querem desviar você do propósito, que desejam enganá-lo. Os Herodes geralmente se apresentam como aliados.

Um amigo, um parceiro de futebol, um colega de trabalho, uma moça atraente e atenciosa que passa pelo caminho, até mesmo um religioso que recita a Bíblia.

Fuja deles. Não ande pelo caminho deles. Os magos optaram por outro caminho. Siga a estrela. Jesus o está esperando. Ofereça a ele o que você tem a oferecer, ainda que sejam as suas falências. Deixe Deus usar você.

Herodes o conduz à perdição. A estrela pode conduzir você a Jesus. Jesus o conduz à vida eterna.

Honra

A HONRA SE EXPRESSA NÃO apenas com palavras, mas sobretudo com atitude. Não existe "honrar alguém" apenas no coração, até porque "a boca fala do que está cheio o coração" (Mateus 12.34).

A Bíblia ensina categorias que merecem ser honradas. Merecem não só por suas possíveis atitudes positivas, mas por serem quem são. O exemplo maior são os pais. A importância de honrá-los é imensa, a ponto de ser um dos Dez Mandamentos de Deus.

Mas também é preciso honrar a esposa, a família, as pessoas que nos importam e se importam conosco, pois a verdadeira fidelidade se baseia na honra.

Registra-se na Bíblia a honra à nossa liderança, quem foi escolhido por Deus para representá-lo e, consequentemente, escolhido por nós para representar Deus na nossa vida.

"Os presbíteros que lideram bem a igreja são dignos de dupla honra, especialmente aqueles cujo trabalho é a pregação e o ensino." (1Timóteo 5.17) O apóstolo Paulo diz que esses são "dignos de dupla honra". O autor de Hebreus diz que esses precisam receber a honra de uma outra forma, porque essa honra não é a eles, e sim a Deus em sua vida: "Ninguém toma essa honra para si mesmo, mas deve ser chamado por Deus, como de fato o foi Arão" (Hebreus 5.4).

Quem honra, abençoa a pessoa honrada e atrai sobre si mesmo bênção e honra. Provamos isso no que o Senhor Jesus disse:

> "Quem recebe um profeta, porque ele é profeta, receberá a recompensa de profeta, e quem recebe um justo, porque ele é justo, receberá a recompensa de justo" (Mateus 10.41).

Portanto, honrar o líder nos traz bênçãos. Como honramos? Talvez seja a pergunta que mais precisa ser respondida. Muitas vezes, o que achamos ser um ato de honra pode não o ser para a pessoa a quem desejamos demonstrar honra. Isso serve tanto para a esposa, para os filhos, para os pais, para o líder e até para Deus. Só se honra alguém se este se sente honrado, por mais bem-intencionado que sejamos.

No caso da liderança, o autor de Hebreus ensina:

> Obedeçam aos seus líderes e submetam-se à autoridade deles. Eles cuidam de vocês como quem deve prestar contas. Obedeçam-lhes, para que o trabalho deles seja uma alegria, não um peso, pois isso não seria proveitoso para vocês" (Hebreus 13.17).

Termino com o que o apóstolo Paulo ensinou sobre honra em sua carta aos Romanos: "Dediquem-se uns aos outros com amor fraternal. Prefiram dar honra aos outros mais do que a vocês" (12.10). Honremos alguém com "amor fraternal", amor verdadeiro, não fingido.

"Fraterna" refere-se à "harmonia e união entre aqueles que vivem em proximidade ou que lutam pela mesma causa"; significa "unidade como família". "Honra", segundo Paulo, também é pensar nos "outros mais do que [em] vocês".

Como disse, certa vez, o grande C. S. Lewis: "Se eu fosse recomendar uma religião para lhe fazer sentir confortável, certamente não lhe recomendaria o cristianismo".[1]

1 Lewis, C.S.**Cristianismo puro e simples.** Rio de Janeiro, Thomas Nelson Brasil, 2017.

A parábola do semeador

A PARÁBOLA DO SEMEADOR CONTADA por Jesus é tão importante e significante que está registrada em três dos quatro Evangelhos. Nela o Mestre ensina que um semeador plantou sementes em quatro tipos de solo, mas apenas em um tipo deu certo. Jesus se refere à Palavra de Deus semeada nos corações, representados como os "tipos" de solo. Quero chamar a sua atenção para os solos em que a semeadura não deu certo e os motivos pelos quais isso ocorreu. Ou seja, o porquê de a Palavra ter sido rejeitada em três tipos de solo, ou pessoas:

1. À beira do caminho, no qual as aves comem a semente. Mateus 13.19 diz dos que ouvem a palavra do Reino, mas não a compreendem. Quando não há compreensão da Palavra de Deus, estamos sujeitos ao engano de Satanás, que ora deturpa a própria Palavra, ora utiliza outros subterfúgios. É preciso buscar a compreensão da Palavra de Deus.
2. Em terreno pedregoso. Nesse caso, "não havia muita terra, e logo [a semente] brotou, porque a terra não era profunda. Mas, quando saiu o sol, as plantas se queimaram e secaram porque não tinham raiz" (v. 5,6). Segundo Mateus, essa semente tem pouca duração. Quando chegam as tribulações ou perseguições, perde-se a Palavra. Quando não somos resolvidos por dentro (emocionalmente), estamos suscetíveis às consequências emocionais da tribulação e da perseguição. Ou a Palavra de Deus domina você por dentro ou a angústia o fará. É preciso pedir ajuda quando não estamos bem emocional ou espiritualmente para não anular em nós o poder da Palavra pela força da angústia e da perseguição.

3. Semente entre os espinhos. Quando estes crescem, sufocam o fruto da Palavra. Segundo o que está relatado em Mateus, os espinhos que sufocam e destroem a Palavra na nossa vida são as preocupações desta vida e o "engano das riquezas" que tornam a Palavra de Deus "infrutífera" no nosso coração.

Ou acreditamos no poder da Palavra ou acreditamos no nosso "braço", na força deste mundo, em ter muito dinheiro. A Palavra de Deus é luz para o nosso caminho. A fascinação pelo dinheiro e as preocupações com o mundo são trevas. A Palavra de Deus é insubstituível e não aceita tentativas de ser substituída.

Andar sobre as águas

COMPARTILHO COM VOCÊ UM DOS meus textos prediletos da Bíblia. Mateus 14 retrata um momento especial. O barco em que os discípulos de Jesus estavam era golpeado por ondas violentas e uma tremenda tempestade.

Eles estavam aterrorizados. Então, de madrugada, Jesus veio na direção deles, andando sobre as águas. Ao verem Jesus, os discípulos inicialmente não o reconheceram. Acharam até se tratar de um fantasma. Ficaram com mais medo ainda. Vendo o medo deles, disse o Mestre: "Coragem! Sou eu. Não tenham medo!". Pedro respondeu: "Senhor [...], se és tu, manda-me ir ao teu encontro por sobre as águas". "Venha!", respondeu Jesus. Pedro pulou do barco e andou sobre as águas. Depois de um tempinho experimentando o sobrenatural de Deus, andando com Jesus sobre as águas, Pedro notou o tamanho das ondas e a força da tempestade. A fé e a coragem que o levaram a andar sobre as águas, de repente, foram substituídos pela dúvida e pelo medo. Então começou a afundar. "Senhor, salva-me!", clamou Pedro. "Imediatamente" Jesus foi na direção dele e o segurou. "Homem de pequena fé, por que você duvidou?", perguntou o Mestre graciosamente ao discípulo. Ambos subiram no barco, e a tempestade cessou.

Que sejamos como Pedro! Se a tempestade nos alcançar, busquemos socorro em Jesus. Tenhamos a audácia de pedir para andar nas águas com ele. E, caso as ondas sejam fortes e nos causem medo, a ponto de afundarmos em alguma circunstância, clamemos por socorro ao Mestre. Mesmo com pequena fé, do tamanho de um grão de mostarda, ele vem ao nosso encontro e nos leva sãos e salvos de volta ao nosso barco, além de cessar as tempestades.

O exemplo de Pedro

PEDRO FOI O GRANDE APÓSTOLO, escolhido por Jesus para coordenar a primeira fase da igreja primitiva. Jesus o fez porque via nele a paixão necessária, a disposição e, claro, a liderança convicta que Pedro exercia sobre os demais. Mas houve um grande caminho. No evangelho de Mateus, capítulo 16, Jesus explica aos discípulos que estava chegando a hora de cumprir o que Deus Pai lhe havia designado: morrer, ressuscitar, redimir o homem e o mundo, e tornar-se de uma vez por todas Rei dos reis.

Pedro, não se sabe bem por quê, talvez porque queria bajular o chefe ou porque imaginava que Jesus deveria comandar um exército, ou porque achou que Jesus era novo demais (33 anos) para morrer, ou simplesmente porque amava tanto Jesus que não conseguia imaginar continuar sem ele..., tentou aconselhar Jesus a não seguir pelo caminho da cruz. A resposta do Mestre foi curta, grossa e duríssima:

> [...] "Para trás de mim, Satanás! Você é uma pedra de tropeço para mim, e não pensa nas coisas de Deus, mas nas dos homens" (Mateus 16.23).

Puxa vida! Jesus chamou Pedro de Diabo? Não, Jesus afirmou que Pedro estava sendo usado pelo Diabo. Em Mateus 16.24,25, Jesus é ainda mais enfático. Resumindo: se alguém quiser ser seu discípulo, ser dele de fato, deve negar a si mesmo, tomar sua cruz (condenação de servidão) e segui-lo. Até porque só realmente tem a vida salva quem a perde por causa de Cristo Jesus. Forte isso!

Você acha que para por aí? Nada! Jesus estava treinando Pedro, preparando-o para aquilo que viria. Se o ministério de Jesus foi de três anos e meio, o de Pedro seria de décadas. Em Lucas 22, quando se aproximava a hora da crucificação, Jesus, em certo tom de desabafo com os discípulos, explica que ficaria sozinho nos momentos finais de sua vida, mas, em um momento, ele passou a agradecer pelo fato de eles terem permanecido com ele em suas provações até ali. Em seguida, dá uma bela notícia aos seus: o Reino de Cristo Jesus agora também era designado a eles, onde poderiam viver, comer e beber à sua mesa, e ainda seriam juízes das doze tribos de Israel (v. 28-30). Imagino que houve certo alívio e júbilo naquela sala. Pedro, provavelmente, foi o mais eufórico. Até que Jesus lhe diz:

> "Simão, Simão, Satanás pediu vocês para peneirá-los como trigo". (Lucas 22.31).

O quê? Festa, júbilo, serão reis com o Rei, o Reino de Cristo está próximo, mas Jesus autorizou o Diabo a peneirar os discípulos. Ou seja, Pedro, será que você está pronto? Aguenta o tranco? O jogo é duro! "Mas eu orei por você, para que a sua fé não desfaleça. E, quando você se converter, fortaleça os seus irmãos". (Lucas 22.32.)

Jesus estava intercedendo por Pedro. Calma! Se Pedro corrigisse seu caminho, isto é, se convertesse, estaria pronto para fortalecer seus irmãos.

Claro que Pedro não se daria por vencido. Falou para Jesus que iria com ele até o fim. Foi até decepar a orelha de Malco. Depois fugiu, amedrontado, negou Jesus três vezes e, na terceira, ao encarar os olhos do Senhor, o galo cantou, e Pedro entrou em total desespero, chorando copiosamente.

Quando Jesus ressuscitou, Pedro, já totalmente desmotivado, resolveu voltar à vida real. Sua liderança sobre os demais era tão natural que alguns o seguiram. Jesus apareceu de longe, na praia. Faz um milagre. "É o Senhor!", disse João, o mais acostumado a reconhecer Jesus.

Pedro não pensou duas vezes, pulou na água e foi em direção a ele, como se pudesse mais uma vez dizer: "[...] 'Senhor, para quem iremos? Tu tens as palavras de vida eterna' ".

Por três vezes, Jesus pergunta a Pedro se ele o amava. Por três vezes, Pedro confirma. As três negativas de Pedro antes da cruz haviam se tornado três perdões de amor e misericórdia após a cruz. Como Deus é lindo!

Por fim, aquele que se deixou influenciar pelo Diabo e foi testado, acabava de ser escolhido como o apóstolo que haveria de cuidar das ovelhas de Jesus a partir daí.

> O que receio, e quero evitar, é que assim como a serpente enganou Eva com astúcia, a mente de vocês seja corrompida e se desvie da sua sincera e pura devoção a Cristo. (2Coríntios 11.3)

O Diabo nos influencia pelo engano. Ele é o mestre do engano. Ao inventar a rebeldia, ele também inventou o engano. Sua rebelião no céu foi fruto do engano de que ele poderia estar no mesmo nível de Deus. Ninguém pode!

Desde então, ele tenta fazer malignos todos os discípulos de Jesus. Por meio do engano, quer nos levar à rebeldia. Tentou com Pedro, vai tentar conosco, mas temos um intercessor que é o mais poderoso guerreiro de todos. Jesus, Deus forte!

E ainda temos o exemplo de Pedro.

A chave terrena

"Digo a verdade: Tudo o que vocês ligarem na terra terá sido ligado no céu, e tudo o que vocês desligarem na terra terá sido desligado no céu." (Mateus 18.18)

O CRISTÃO ESTÁ SEMPRE TENTANDO espiritualizar o natural, enquanto Deus quer tornar natural o que é espiritual. Ele age para que o sobrenatural se torne natural. Para que o impossível se torne possível. Para que seus filhos tenham acesso às regiões celestiais aqui na terra: "Assim na terra como no céu", não o contrário. "Tudo o que vocês ligarem na terra terá sido ligado no céu".

A chave é terrena, natural, humana. Usar a nossa capacidade natural também é expressar e alcançar o espiritual, quando somado à fé. A fé tem o poder de transformar o natural em espiritual. É a chave terrena.

Perdão

PEDRO, SEMPRE PEDRO, E POR isso se tornou "o" Pedro. Logo após Jesus ensinar a seus discípulos sobre resolver os problemas entre si, e nunca deixar a mágoa crescer no coração, ele se aproxima de Jesus e pergunta:

> [...]"Senhor, quantas vezes deverei perdoar a meu irmão quando ele pecar contra mim? Até sete vezes?" Jesus respondeu: "Eu digo a você: Não até sete, mas até setenta vezes sete" (Mateus 18.21,22).

"Setenta vezes sete"! — esta foi a resposta do Mestre. E não se tratava de uma matemática exata. Jesus não falou para Pedro que deveria perdoar uma pessoa 490 vezes apenas. O que Jesus estava dizendo é que devemos perdoar alguém quantas vezes forem necessárias. Sete é o número da plenitude, por isso representa a perfeição de Deus.

O perdão é algo extremamente poderoso. Quando ele nos perdoa, somos livres das amarras que nos aprisionam. O pecado é essa amarra que nos prende à morte, ao inferno e às obras do Diabo. Com o perdão de Jesus sobre a sua vida, você é liberto dessas amarras.

O mesmo significado, respeitando a proporção, encaixa-se no relacionamento dos irmãos em Cristo. Quando não perdoo, fico aprisionado ao objeto da ofensa, e olha que muitas vezes esse "objeto" nem sabe que me ofendeu.

Falta de perdão é tomar um veneno esperando que faça mal à outra pessoa. Não fará!

Fará a quem o tomou.

Veja o que Jesus ensina, agora em Marcos:

> "Portanto, eu digo: Tudo o que vocês pedirem em oração, creiam que já o receberam, e assim sucederá. E, quando estiverem orando, se tiverem alguma coisa contra alguém, perdoem-no, para que também o Pai celestial perdoe os seus pecados. Mas, se vocês não perdoarem, também o seu Pai que está nos céus não perdoará os seus pecados" (Marcos 11.24-26).

A falta de perdão bloqueia o poder da nossa oração; bloqueia o nosso próprio perdão. Em Mateus 5, Jesus ensina: "Portanto, se você estiver apresentando sua oferta diante do altar e ali se lembrar de que seu irmão tem algo contra você, deixe sua oferta ali, diante do altar, e vá primeiro reconciliar-se com seu irmão; depois volte e apresente sua oferta" (v. 23,24). A falta de perdão bloqueia as bênçãos advindas das ofertas.

Jesus se refere também ao número 7 (plenitude, pleno) ao falar sobre o perdão ou quanto a perdoar o ofensor em Lucas 17: "[...] 'Se o seu irmão pecar, repreenda-o e, se ele se arrepender, perdoe-lhe. Se pecar contra você sete vezes no dia, e sete vezes voltar a você e disser: "Estou arrependido", perdoe-lhe' " (v. 3,4).

Jesus ensina que devemos perdoar quem nos ofende quantas vezes forem necessárias. Claro que não é fácil. A porta do cristianismo é estreita. Perdoar quem nos ofende não é algo agradável, mas é o comportamento devidamente cristão. Jesus perdoou quem o crucificou, quem o traiu, quem o perseguiu. Perdoou Saulo e o transformou em Paulo. Se somos seus discípulos, precisamos seguir seus caminhos e imitá-lo. Imitar sua vida na terra enquanto estivermos neste mundo.

Na oração sagrada do Pai-nosso, o Mestre ensinou que Deus "Perdoa as nossas dívidas, assim como perdoamos aos nossos devedores" (Mateus 6.12).

Perdoar é uma atitude que comprova a nossa fé em Jesus e que somos de fato seguidores dele.

> "Pois se perdoarem as ofensas uns dos outros, o Pai celestial também perdoará vocês. Mas, se não perdoarem uns aos outros, o Pai celestial não perdoará as ofensas de vocês." (Mateus 6.14,15)

Graças a Deus que temos em nós o Espírito Santo que nos leva a viver como Jesus. Ele nos ensinará e nos levará a perdoar todos que nos têm ofendido!

Trabalhar na vinha

NO EVANGELHO DE MATEUS, CAPÍTULO 20, Jesus ensina que o Reino dos céus é comparado ao dono de uma vinha que sai cedo para contratar trabalhadores por um dia. Com alguns combinou um denário (salário referente a um dia de trabalho), e estes foram para a vinha. Às 9 horas da manhã, o dono passou pela praça e viu que havia alguns desocupados, e também os contratou.

Ele repetiu isso ao meio-dia e também às 15 horas. Ao ver trabalhadores desocupados, também os contratou. Às 17 horas, mais uma vez viu gente desocupada e perguntou: "[...] 'Por que vocês estiveram aqui desocupados o dia todo?' 'Porque ninguém nos contratou', responderam eles. Ele lhes disse: 'Vão vocês também trabalhar na vinha'. " (v. 6,7).

No final do dia, o dono da vinha mandou seu tesoureiro pagar cada um. Começando pelos últimos contratados aos primeiros, todos receberam o que fora combinado: um denário. Os que foram contratados primeiro, ou seja, os que começaram cedo reclamaram. Não gostaram de que os que chegaram por último recebessem o mesmo tanto: "[...] 'Estes homens contratados por último trabalharam apenas uma hora, e o senhor os igualou a nós, que suportamos o peso do trabalho e o calor do dia'. " (v.12). O dono da vinha de pronto respondeu que não estava sendo injusto; pelo contrário, estava pagando aquilo que fora combinado: um denário:

> "Mas ele respondeu a um deles: 'Amigo, não estou sendo injusto com você. Você não concordou em trabalhar por um denário? Receba o que é seu e vá. Eu quero dar ao que foi contratado por último o mesmo que dei a você. Não tenho o direito de fazer o que quero com o meu dinheiro? Ou você está com inveja porque sou generoso?' " (Mateus 20.13-15).

Moral da história:

- O Reino de Deus é formado por pessoas dispostas a trabalhar.
- O tempo de filiação não simboliza nada, mas o trabalho, sim. Quando a pessoa para de trabalhar, o tempo também para.
- Deus age como quer: "Não tenho o direito de fazer o que quero com o meu dinheiro?". A majestade de Deus apresenta-se por meio de sua soberania.
- A murmuração não vai mudar isso. Ele abençoa segundo sua vontade. Um denário é o combinado.
- Quem começa cedo ou por último, deve estar unido em um propósito: trabalhar na vinha. É o que interessa!

Mateus 20.16 é claro: "Assim, os últimos serão primeiros, e os primeiros serão os últimos".

As suas descrições breves,
as suas frases agudas, as suas aplicações diretas da verdade,
são exatamente aquilo que um pregador da rua usaria
ao pregar Cristo a uma multidão promíscua.

– Merril C. Tenney

Marcos

Barrabás em nós

QUANDO JESUS FOI PRESO, INTERESSADOS em sua morte, os membros do Sinédrio o levaram a Pilatos, pois apenas o procurador romano poderia condenar alguém à morte. Segundo Marcos, a acusação que pesava sobre Jesus era autoproclamar-se rei.

> "Você é o rei dos judeus?", perguntou Pilatos. "Tu o dizes", respondeu Jesus.
>
> Os chefes dos sacerdotes o acusavam de muitas coisas. Então Pilatos lhe perguntou novamente: "Você não vai responder? Veja de quantas coisas o estão acusando". Mas Jesus não respondeu nada, e Pilatos ficou impressionado. (Marcos 15.2-5)

Na Páscoa, os procuradores romanos tinham a tradição de libertar um condenado à morte, escolhido pelo povo judeu. A política "pão e circo" de Roma se espalhava por todas as suas províncias. Pilatos, talvez porque soubesse que Jesus era inocente e também por saber que os religiosos haviam entregado Jesus por inveja (cf. v. 10), tentou libertá-lo: " 'Vocês querem que eu solte o rei dos judeus?', perguntou Pilatos" (Marcos 15.9) Não. Os principais sacerdotes incitaram a multidão a pedir por Barrabás. Um rebelde, assassino, da pior espécie. Um merecedor de ser crucificado segundo a lei romana.

A multidão gritou por Barrabás. Assustado, Pilatos perguntou: " 'Então, que farei com aquele a quem vocês chamam rei dos judeus?', perguntou-lhes Pilatos. 'Crucifica-o!', gritaram eles. 'Por quê? Que crime ele cometeu?', perguntou Pilatos. Mas eles gritavam ainda mais: 'Crucifica-o!' " (v. 12-14).

Conhecemos o relato. Querendo agradar a multidão que gritava, Pilatos soltou Barrabás, mandou açoitar Jesus e o entregou para ser crucificado.

Jesus não disse nada mais. Foi açoitado, passou pelo caminho da vergonha, carregando um pedaço pesado de madeira. Foi crucificado, tornando-se maldito por todos. Morreu.

Ele se fez maldito por Barrabás. Substituiu Barrabás. Um homem que merecia ser punido. Jesus não merecia. Merecia ser coroado, reconhecido, amado, adorado, mas substituiu o assassino Barrabás.

Barrabás representa cada um de nós. Jesus morreu em nosso lugar. Nós é que merecíamos a crucificação pelos nossos erros, pecados e falhas. E ele, o Cordeiro santo, que não conheceu nenhum mal, que nunca cometeu pecado algum, nos substituiu — graça.

Nenhum esforço que eu faça poderá me garantir a vida. Nenhuma atitude minha poderá me livrar da morte. Apenas a substituição que Jesus fez por mim pode me livrar da minha condenação — isso é graça.

Ele nos tirou do império das trevas e nos transportou para seu Reino. Ele, e somente ele anulou a condenação em minha vida. Ele me substituiu!

Barrabás saiu ileso. Eu e você podemos sair ilesos. Basta aceitarmos e recebermos o que Jesus fez por nós. Em tempo, o nome Barrabás vem da junção de duas palavras em aramaico: *"Bar Abbas"*. *Bar* significa filho. *Abbas* significa pai. O nome Barrabás significa filho do pai.

> [...] aos que o receberam, aos que creram em seu nome, deu-lhes o direito de se tornarem filhos de Deus. (João 1.12)

Livre-se da culpa. Livre-se dos pecados. Livre-se da condenação. Nada que você fizer poderá impedir a sua condenação. Contudo, bastou apenas um ato de justiça de Jesus para livrá-lo de toda condenação.

Ide

A PROPAGAÇÃO DO EVANGELHO E do Reino não é apenas uma vontade ou um prazer a ser apreciado por um grupo seleto de pessoas; pelo contrário, é uma ordenança, uma ordem de Cristo Jesus, que utiliza o verbo no modo imperativo. Marcos 16.15 diz: "E disse-lhes: 'Vão pelo mundo todo e preguem o evangelho a todas as pessoas' ".

Por outro lado, sou abatido por uma grande preocupação quando aqueles que são ungidos, não no sentido simbólico, mas no literal, não apenas abrem mão do arado, olhando para trás, mas também desobedecem a tal ordem messiânica. Está escrito em Lucas 9.62: "Jesus respondeu: 'Ninguém que põe a mão no arado e olha para trás é apto para o Reino de Deus' ".

Em Ezequiel 34.2, também lemos: "[...] Ai dos pastores de Israel que só cuidam de si mesmos! Acaso os pastores não deveriam cuidar do rebanho?".

Refiro-me aos que recebem a unção do óleo literalmente, ornados e ordenados ao ministério, e que não vão adiante, esquecendo-se de que o óleo pesa. E ainda me preocupa o estágio de crescimento lento da Igreja atualmente, fruto de uma liderança que se diz cansada, mas que na verdade está desmotivada pela falta de buscar a Deus.

Não existe fé verdadeira se não for comprovada por meio de obras e serviços. Precisamos de avivamento. Precisamos de renovação. Precisamos da novidade que o Espírito Santo traz à nossa vida.

> Senhor, ouvi falar da tua fama; tremo diante dos teus atos, Senhor. Realiza de novo, em nossa época, as mesmas obras, faze-as conhecidas em nosso tempo [...]". (Habacuque 3.2)

Um aspecto característico deste Evangelho
é o modo segundo o qual o amor de Deus
é retratado como estando ativo de várias maneiras,
entre uma variedade de pessoas.
—Leon Morris,
em referência ao evangelho de Lucas

Lucas

Nas promessas dele

"POIS NADA É IMPOSSÍVEL PARA Deus." (Lucas 1.37)

A resposta do anjo Gabriel a Maria, quando ela perguntou como se acharia grávida do Salvador, nos fala muito. Deus é o Deus do impossível. Deus é especialista em fazer do impossível algo real.

Sua aliança maior é com sua palavra. Seu compromisso maior é consigo mesmo. O impossível se torna possível quando está validado pelas promessas do Senhor.

Não adianta buscar o sobrenatural fora do que Deus tem como promessa. Fora das promessas do Senhor, qualquer tentativa de milagre vai gerar engano e frustração. Mas nas promessas dele podemos encontrar qualquer resposta.

> pois, quantas forem as promessas feitas por Deus, tantas têm em Cristo o "sim". Por isso, por meio dele, o "Amém" é pronunciado por nós para a glória de Deus. (2Coríntios 1.20)

Devemos buscar o impossível de Deus, o milagre ou qualquer resposta baseados única e exclusivamente nas promessas de Deus, em seu propósito para a nossa vida. Em suma, em sua santa vontade.

Deus cuida dos seus

NA PESCA MARAVILHOSA, DESCRITA nos textos dos Evangelhos, e com riqueza de detalhes em Lucas 5, Jesus proporcionou aquele grande milagre não só para impressionar e convocar Pedro, André, Tiago e João para o ministério ou sua total conversão. A pesca seria também o sustento de suas famílias nos três anos e meio seguintes que andariam com Jesus.

Deus se preocupou com a família de seus apóstolos, já que estes a partir dali seriam exclusivamente ministros do evangelho e discípulos dele.

Quando Deus chama você para o ministério, ele se preocupa com os seus mais do que você. E ele tem condição de cuidar deles e de você, mais do que você mesmo, da sua capacidade e do seu trabalho.

Não é à toa que, quando multiplicou os peixes e pães pela primeira vez, Jesus determinou que seus discípulos destruíssem e recolhessem o que sobrou. Cinco mil pessoas comeram, e ainda sobraram doze cestos cheios. Para quem foram aqueles "cestos cheios"?!

O Senhor Jesus se preocupava com as famílias de seus discípulos, enquanto eles estavam atuando em sua obra.

Aterrorizante

SEMPRE FALAMOS QUE O PIOR cego é aquele que não quer enxergar. Da mesma forma, o pior cristão, ou pessoa, é o que não tem projeto de vida ou não conhece o projeto de Deus para ele. Por mais terrível que seja o cego que não quer enxergar ou aquele que não tem projeto de vida, ou que desconhece o projeto de Deus para sua vida, há algo ainda pior. Sim, biblicamente, existem coisas piores!

Na verdade, há duas coisas piores:

1. Saber o que Deus tem para você e não fazer.
2. Saber o que Deus tem para você e desistir no meio do caminho por qualquer motivo.

No primeiro caso, lembro-me da parábola de Jesus sobre os dois irmãos que receberam uma ordem laboral do pai para executar. O mais novo afirma que realizará o trabalho, no entanto não o faz. O mais velho reclama, resmunga, expressa em palavras que não fará, mas, depois de refletir e aquietar o coração, decide obedecer e realizar o que lhe fora proposto pelo pai. Segundo as palavras de Jesus, o que importa é obedecer, depois compreender e aceitar.

Outro exemplo bem claro é o caso de Jonas, que recebeu uma ordem direta de Deus para pregar na cidade de Nínive. Mas, para não cumpri-la, fugiu da presença do Senhor. Isso foi tão ruim que a consequência foi ser engolido por um grande peixe. No entanto, quando clamou, teve outra chance, obedeceu a Deus e foi bem-sucedido.

No segundo caso, me vem à memória um dos textos mais aterrorizantes da Bíblia: "[...] 'Ninguém que põe a mão no arado e olha para trás é apto para o Reino de Deus' " (Lucas 9.62).

Ao colocar a mão no arado, em hipótese alguma podemos olhar para trás, sob pena de perdermos a aptidão para o Reino.

Oro para que esta geração tenha o discernimento necessário, o dom do Espírito Santo, para reconhecer o projeto de Deus em sua vida; e, ao identificar e receber essa revelação, arem a terra que Deus colocou diante de seus olhos com a força, unção e determinação necessárias, sem jamais desistir.

Thomas Edson dizia que a "nossa maior fraqueza está em desistir". Muito antes dele, o escritor de Hebreus já declarava que "não somos dos que retrocedem" (Hebreus 10.39). Deus se alegra com os persistentes, com os que não desistem. Neles ele se apraz. Reconhecer o que Deus tem para nós é apenas o começo de uma grande aventura.

O estrangeiro

O TEXTO DE LUCAS 17 conta que o nosso Senhor Jesus, em uma viagem para Jerusalém, ao passar na divisa entre Samaria e Galileia, entrou em um povoado. Foi quando dez leprosos se dirigiram a ele a certa distância e gritaram: "[...] 'Jesus, Mestre, tem piedade de nós!' ".

Claro que a manifestação chamou a atenção de Jesus, que logo respondeu: "[...] 'Vão mostrar-se aos sacerdotes' [...]". Eles obedeceram à determinação de Jesus e no caminho foram curados (cf. Lucas 17.13,14).

Ao considerar o contexto relacionado a esse texto, tudo fica mais claro. Por um lado, segundo a legislação de Moisés, vigente entre o povo de Israel, o leproso deveria ficar afastado das cidades, viver em lugares isolados com outros leprosos. Era considerado um pecador. Por outro lado, a legislação romana era ainda mais pesada, dizendo que os leprosos deveriam ser presos com os outros presos.

Jesus foi àquele povoado com a intenção de se encontrar com aqueles doentes. Era a região em que viviam leprosos. Provavelmente alguém advertiu Jesus. Mas Jesus entrou nesse lugar mesmo assim.

Não há lepra natural ou espiritual capaz de afastar alguém com o amor e a misericórdia de Jesus.

Ao clamar, chamaram a atenção de Jesus. O Mestre mexeu com a fé deles, dizendo que deveriam se apresentar ao sacerdote. Segundo a lei judaica, somente o sacerdote poderia determinar que uma pessoa estava livre da lepra. Imaginemos homens deformados, doentes, tomando a iniciativa de andar em fé até o sacerdote.

E aconteceu. No caminho, por terem obedecido, foram curados. Isso porque creram em Jesus. Algo mais surpreendente teve lugar:

> "Um deles, quando viu que estava curado, voltou, louvando a Deus em alta voz. Prostrou-se aos pés de Jesus e lhe agradeceu. Este era samaritano" (Lucas 17.15,16).

Eram dez: nove judeus e um samaritano (povo considerado pelos judeus de segunda classe); o último voltou para agradecer. Demonstrou gratidão. Diante disso,

> Jesus perguntou: "Não foram purificados todos os dez? Onde estão os outros nove? Não se achou nenhum que voltasse e desse louvor a Deus, a não ser este estrangeiro?" Então ele lhe disse: "Levante-se e vá; a sua fé o salvou" (Lucas 17.17-19).

Jesus percebeu. Deus está de olho no nosso coração. Ele conhece os nossos intentos mais profundos. Jesus viu que apenas o samaritano fora grato de verdade. A gratidão faz parte da natureza de Deus. Ele abençoa e retribui a quem de fato o busca. Ele é grato com quem o serve.

O verdadeiro cristão tem a natureza de Cristo em seu caráter. Nada expressa mais o caráter de uma pessoa que a gratidão.

> Portanto, já que estamos recebendo um Reino inabalável, sejamos agradecidos e, assim, adoremos a Deus de modo aceitável, com reverência e temor. (Hebreus 12.28)

Caráter e revelação

TENHO REFLETIDO SOBRE AMIZADES, COMPANHEIRISMO e fidelidade. E o dia da ressurreição, em que lembramos o dia em que o nosso Senhor ressuscitou, é, sem dúvida, um excelente dia para fazer essa reflexão.

Vejamos: Jesus reuniu sempre uma multidão de pessoas ao seu redor no decorrer de seu ministério; quase nunca estava sozinho. Ele tinha um grupo de pessoas que faziam parte de seu ministério — cerca de 70 pessoas, segundo o evangelho de Lucas.

Mas todos sabem que, entre os homens e as mulheres que o serviam, ele escolheu Doze e os chamou de apóstolos, os quais seriam seus "coordenadores".

Desses discípulos próximos, que durante mais de três anos se reuniam com ele diariamente, andavam juntos, dormiam juntos e comiam juntos, três se destacaram. Não só por serem "colunas", mas por terem conhecido o Jesus humano, como no Getsêmani. E olha que eles tinham personalidades diferentes.

Mesmo nesse relacionamento próximo do Mestre dos mestres, faziam 100% de aproveitamento. Onze deram supercerto: entregaram-se ao projeto de Jesus, o do Reino de Deus. Morreram por isso. Expandiram o evangelho e revolucionaram a História. Entretanto, um deles se perdeu: Judas foi tentado como os outros, mas sucumbiu à própria cobiça.

Judas traiu Jesus, mesmo tendo visto provas incontestáveis do messiado de Cristo. Relacionamento não garante fidelidade. Relacionamento não garante comprometimento. O que garante a fidelidade e o comprometimento são dois quesitos fundamentais: caráter e revelação.

Foi o que faltou a Judas. Ele não tinha caráter, muito menos revelação. Todos nós temos o direito de escolher as nossas amizades. A convivência não garante uma boa amizade; mas o caráter e a revelação, sim.

Tenho aprendido com o meu pai algumas coisas que creio serem fundamentais para o meu futuro como líder: Se a pessoa não gosta de mim e não que ter relacionamento comigo, não darei a ela esse desgosto.

Todos temos o direito de escolher os nossos amigos. Não seja amigo de quem não quer a sua amizade. Não faz sentido.

Mesmo entre os discípulos do Deus de toda a glória encarnado, houve quem não se encaixou. Não sejamos a exceção.

Graças a Deus porque a imperfeição nos garante a dependência da graça de Deus. O homem de Deus tem que saber quem é em Deus. O homem de Deus também tem que saber quem não é.

Simples na linguagem e estrutura, este livro é,
não obstante, uma exposição profunda
da pessoa de Cristo posta em cenário histórico.
— Matthew Henry

João

A comida de Jesus

NO EVANGELHO DE JOÃO, CAPÍTULO 4, a Bíblia conta a linda história do encontro de Jesus com a mulher samaritana. Não apenas chamam a nossa atenção a conversão e o perdão derramado sobre a vida daquela mulher promíscua, como também a poderosa declaração de Cristo de que Deus está à procura de adoradores que o adorem em espírito e em verdade.

Jesus se encontrou com essa mulher a sós, no poço de Jacó. Estava só, porque seus discípulos tinham ido à cidade comprar mantimentos. Depois a mulher foi à cidade propagar aos moradores que tinha encontrado o Messias. Nesse ínterim, os discípulos chegaram com a comida e ofereceram a Jesus: "Enquanto isso, os discípulos insistiam com ele: 'Mestre, come alguma coisa' " (v. 31). Ao que o Mestre graciosamente respondeu: " 'Tenho algo para comer que vocês não conhecem' " (v. 32).

Os discípulos ficaram sem entender. Eles estavam caminhando havia horas, debaixo do sol, com um clima seco. Provavelmente Jesus, em sua forma humana, havia reclamado de fome. E os discípulos se perguntavam: "[...] 'Será que alguém lhe trouxe comida [enquanto estivemos fora]?' " (cf. v. 33).

Obviamente, o Deus que tira todas as dúvidas e tem todas as respostas respondeu: "[...] 'A minha comida é fazer a vontade daquele que me enviou e concluir a sua obra' " (v. 34).

Comida significa sustento. Não podemos ficar sem nos alimentar, senão ficamos doentes, fracos, e podemos até morrer. Jesus ensinou que não há ministério verdadeiro que não seja sustentado pela vontade de Deus e pela missão dada por ele. A vontade de Deus e a missão de Deus são o sustento do ministério.

Sem isso, o ministério está fadado a enfraquecer, ficar doente e até morrer.

É o que o salmista diz:

> Se não for o SENHOR o construtor da casa, será inútil trabalhar na construção. Se não é o SENHOR que vigia a cidade, será inútil a sentinela montar guarda. Será inútil levantar cedo e dormir tarde, trabalhando arduamente por alimento. O SENHOR concede o sono àqueles a quem ele ama (Salmos 127.1,2).

A nossa vontade, o nosso querer, bem como o nosso ministério e o nosso esforço pessoal *são totalmente inúteis* se não estiverem em consonância com a vontade de Deus.

Judas Iscariotes

UM IRMÃO DA IGREJA QUE sempre conversa comigo me enviou a seguinte pergunta: "Judas nasceu para trair Jesus, ou qualquer um dos discípulos poderia ter traído?". Respondi de uma forma resumida que vou descrever nos próximos parágrafos.

Judas não nasceu para trair Jesus, como alguns acreditam; pelo contrário, o projeto de Deus para ele era outro: ser um apóstolo, um representante de Deus na terra. Contudo, Judas Iscariotes fez outra escolha. É certo que profeticamente Jesus seria traído, e também é verdade que alguém o faria, mas quem e como somente a vida e suas circunstâncias poderiam revelar.

Desde que Jesus se revelou ao homem como Deus encarnado, o Diabo tentou dar fim a esse projeto. Vemos isso com clareza quando no deserto Jesus prevalece sobre as tentações do Diabo. Então, Satanás passou a rodear o grupo de Jesus, como leão à espreita, esperando alguém para devorar. Judas abriu uma brecha. O Diabo entrou por essa brecha.

> Então Maria pegou um frasco de nardo puro, que era um perfume caro, derramou-o sobre os pés de Jesus e os enxugou com os seus cabelos. E a casa encheu-se com a fragância do perfume. Mas um dos seus discípulos, Judas Iscariotes, que mais tarde iria traí-lo, fez uma objeção: "Por que este perfume não foi vendido, e o dinheiro dado aos pobres? Seriam trezentos denários". Ele não falou isso por se interessar pelos pobres, mas porque era ladrão; sendo responsável pela bolsa de dinheiro, costumava tirar o que nela era colocado. (João 12.3-6)

Judas roubava as ofertas que eram destinadas ao ministério do Senhor Jesus na terra. Ao retirar do sustento ministerial de

Cristo, Judas foi além do pecado de roubo, foi rebelde contra a autoridade de Jesus.

Portanto, o Diabo achou quem faria o trabalho.

> e os chefes dos sacerdotes e os mestres da lei estavam procurando um meio de matar Jesus, mas tinham medo do povo. Então Satanás entrou em Judas, chamado Iscariotes, um dos Doze. (Lucas 22.2,3)

Poderia ser qualquer um. Foi Judas porque ele deu uma brecha.

Devemos fechar as brechas na nossa vida, sejam naturais, emocionais ou espirituais. O Diabo só entra em uma vida comprometida com Deus quando esta abre uma brecha para ele entrar. "[..] Mais ai daquele que trai o Filho do homem! Melhor lhe seria não haver nascido." (Mateus 26.24)

E Pedro? Qual foi a diferença entre Pedro e Judas? Jesus não disse a Pedro: "Para trás de mim, Satanás"? Sim, mas, ao ler um texto, devemos sempre analisar o contexto para seu melhor entendimento:

> Desde aquele momento Jesus começou a explicar aos seus discípulos que era necessário que ele fosse para Jerusalém e sofresse muitas coisas nas mãos dos líderes religiosos, dos chefes dos sacerdotes e dos mestres da lei, e fosse morto e ressuscitasse no terceiro dia. Então Pedro, chamando-o à parte, começou a repreendê-lo, dizendo: "Nunca, Senhor! Isso nunca te acontecerá!" Jesus virou-se e disse a Pedro: "Para trás de mim, Satanás! Você é uma pedra de tropeço para mim, e não pensa nas coisas de Deus, mas nas dos homens"(Mateus 16.21-23).

Pedro não foi dominado por Satanás, ainda que tenha sido inspirado por ele. Há uma grande diferença entre as duas situações.

É bom lembrar que tal fato aconteceu logo depois de Jesus ter elogiado Pedro, dizendo que ele "era bem- aventurado", por ter recebido uma revelação direta de Deus ("[...] sobre esta pedra edificarei a minha igreja [...]").

Pedro sofreu uma inspiração do Diabo. Ele não foi possuído, nem dominado, mas foi induzido, enganado! O engano vem quando começamos a cogitar coisas do homem em detrimento das coisas de Deus. E isso acontece geralmente nas nossas emoções.

Não é à toa que Jeremias diz que o coração é enganoso mais do que todas as coisas e extremamente corruptível. Corruptível pelo engano. Mas Pedro não era e não foi rebelde, apenas enganado. Há salvação para os enganados: arrepender e retornar. Aos rebeldes, entretanto, o caminho de volta é mais difícil e árduo.

O Espírito Santo

O ESPÍRITO SANTO É A figura mais importante no nosso cotidiano. Ele é Deus em nós, por meio do Filho: Jesus. O Espírito Santo é o Espírito Santo de Jesus. Da mesma forma que teologicamente o homem é um espírito que tem alma e corpo, o Espírito Santo é o Espírito que comanda e conduz o Corpo de Cristo Jesus: a Igreja. Jesus se refere a ele como o Consolador: "Quando vier o Conselheiro, que eu enviarei a vocês da parte do Pai, o Espírito da verdade que provém do Pai, ele testemunhará a meu respeito" (João 15.26).

Lembre-se de que Jesus se autointitula "a verdade". O Conselheiro ou Consolador é o Espírito da verdade. O Consolador é o Espírito Santo de Jesus.

Um pouco depois, Jesus descreve uma das imensas e grandiosas missões do Consolador. Em João 16.7,8, Jesus, ministrando aos discípulos, declara:

> "Mas eu afirmo que é para o bem de vocês que eu vou. Se eu não for, o Conselheiro não virá para vocês; mas, se eu for, eu o enviarei. Quando ele vier, convencerá o mundo do pecado, da justiça e do juízo".

O Consolador, Espírito Santo de Jesus, tem a missão de convencer o mundo do pecado, da justiça e do juízo. Três temas filosoficamente obscuros, labirínticos, mas teologicamente vinculantes. Até porque Jesus dá o norte:

a) v. 9: "Do pecado, porque os homens não creem em mim".

A anulação do pecado está ligada à crença em Jesus. Só a graça de Deus se manifesta salvadora dos homens. O sacrifício de Jesus nos libera do pecado e de suas amarras de maneira definitiva, quando o aceitamos.

Somente o Espírito Santo nos conduz à graça, em nós e por meio de nós.

b) v. 10: "da justiça, porque vou para o Pai, e vocês não me verão mais".

Justiça, o mais complexo dos temas para a filosofia, pode ser definido por vários aspectos. O que é justiça para determinado grupo pode não ser para outro, e assim por diante. Mas aqui a justiça é a exposta pelo Sol da justiça encarnado. O verbo que se fez carne. Eis a ótica correta.

Em Romanos 4, Paulo, afirma que a fé nos é atribuída como justiça (cf. v. 5). No decorrer do capítulo 4, ele expõe sobre a justiça advinda da fé, a justiça sendo a própria fé.

O Espírito Santo Conselheiro tem a missão de nos levar a crer em Jesus — fé — enquanto ele estiver "junto do Pai". Não há justiça verdadeira que não proceda da fé em Jesus.

c) v. 11: "e do juízo, porque o príncipe deste mundo já está condenado".

O Espírito Santo, Consolador da nossa alma e Senhor da nossa vida, tem a missão de nos convencer do poder do julgamento de Jesus. O juízo se dá quando o julgamento é feito, quando a justiça é aplicada. Por meio do Espírito Santo, temos a expressão da aplicação da justiça de Deus, da nossa fé, que culmina com a derrota de Satanás e de seus anjos. Sim, o Espírito Santo nos dá poder para julgar "o príncipe deste mundo", para subjugar suas ações e tudo que há no mundo. Jesus, falando a seus discípulos em sua última mensagem como homem, diz o seguinte sobre o: "Mas, quando o Espírito da verdade vier, ele os guiará a toda verdade [...]" (v. 13).

Gosto das traduções que nos revelam projetos. Não é "guiará para toda verdade" ou "em toda verdade". É "guiará a toda verdade".

Só há uma verdade: Jesus.

Só um caminho e uma só vida: Jesus.

Quem nos guia a ele, a Verdade, é o Espírito Santo da verdade, Espírito Santo de Jesus. O resto é perfumaria podre e barata.

Pulou na frente

AS ÚLTIMAS HORAS DE JESUS são de muitos ensinamentos, intrigas, intimidade e oração entre ele e seus discípulos. Uma ceia maravilhosa, com o melhor que a principal festa judaica da época poderia oferecer, num ambiente intimista entre os seus.

Depois desse momento, Jesus sai com os Onze para um de seus lugares favoritos de oração e reflexão: o Getsêmani (e como esse lugar tem muito a nos ensinar, falarei sobre isso em outro momento). Onze dos discípulos o acompanham, já que Judas, dominado pelo Diabo, saiu antes para pôr seu plano de traição em prática.

Depois de Jesus ter um tempo de busca da Deus e alguns minutos de sono de seus discípulos queridos, Judas chega com "um destacamento de soldados e alguns guardas enviados pelos chefes dos sacerdotes e fariseus, levando tochas, lanternas e armas" (João 18.3).

Tratava-se de um grupo formado por oficiais dos principais sacerdotes e dos fariseus, membros da guarda do templo, a quem os líderes religiosos delegaram autoridade para efetuar prisões nos casos que lhes cabiam. Tratava-se de um pequeno grupo de soldados romanos que não participaram da detenção, mas que haviam acompanhado a guarda do templo para se assegurarem de que a situação não fugiria ao controle, ou seja, de 30 a 50 homens bem armados.

A narrativa a partir daí é dramática:

> Jesus, sabendo tudo o que lhe ia acontecer, saiu e lhes perguntou: "A quem vocês estão procurando?" "A Jesus de Nazaré", responderam eles. "Sou eu", disse Jesus. (E Judas, o traidor, estava com eles.) Quando Jesus disse: "Sou eu", eles recuaram e caíram por terra (João 18.4-6).

Jesus literalmente "pulou na frente". Ficou entre os soldados e os discípulos. E, quando os soldados responderam que estavam ali para prender Jesus, a resposta dele os fez "cair por terra".

Quando os inimigos da Igreja de Jesus atacam o Corpo, encontram Jesus bem na frente. Quem vem contra o Corpo, enfrenta o dono do Corpo: Jesus. E caem por terra diante do Eu Sou!

Aqueles homens atordoados, tentando levantar, estarrecidos porque haviam caído diante da autoridade poderosa e invencível, escutam novamente a pergunta:

> [...] "A quem procuram?" E eles disseram: "A Jesus de Nazaré". Respondeu Jesus: "Já disse a vocês que sou eu. Se vocês estão me procurando, deixem ir embora estes homens" (v. 7,8).

Jesus deixou claro. Só iriam levá-lo se os seus onze seguidores ficassem bem e seguros. Veja o versículo 9: "Isso aconteceu para que se cumprissem as palavras que ele dissera: 'Não perdi nenhum dos que me deste' ".

Então os discípulos (com exceção de Pedro, que enfrentou Malco, um dos guardas do templo) conseguiram fugir. Pedro foi repreendido para que entendesse que o que estava determinado por Deus a acontecer, o que precisava acontecer, aconteceria, independentemente da vontade humana.

Em tudo, Jesus garantia a proteção dos discípulos. Mesmo que o projeto fosse duro, pesado, violento e, muitas vezes, covarde para com os seguidores de Jesus, ele garantia a segurança deles.

Jesus pulou na frente. E continuará pulando na frente quando necessário.

A Igreja de Jesus está debaixo da cobertura de Jesus. E, quando for necessário, ele vai tomar a frente e dizer: "Quem vocês procuram? Porque quem vocês vão encontrar Sou Eu!".

O livro de Atos mostra o interesse imenso
no plano de testemunhas.
– Allison A. Brites

Atos

Geografia

> "Certa ocasião, enquanto comia com eles, deu-lhes esta ordem: 'Não saiam de Jerusalém, mas esperem pela promessa de meu Pai, da qual falei a vocês. Pois João batizou com água, mas dentro de poucos dias vocês serão batizados com o Espírito Santo'." (Atos 1.4,5)

> "Chegando o dia de Pentecoste, estavam todos reunidos num só lugar. De repente, veio do céu um som, como de um vento muito forte, e encheu toda a casa na qual estavam assentados." (Atos 2.1,2)

HÁ ALGO IMPORTANTÍSSIMO NA BÍBLIA quando nos referimos a bênçãos, respostas e demais ações de Deus na nossa vida: a geografia. São vários textos que nos remetem a isso. Entretanto, vou me ater apenas a esses momentos importantes descritos no início do texto de Atos, porque conta a história inicial da Igreja.

As partes que dizem: "Não saiam de Jerusalém, mas esperem pela promessa de meu Pai" e "estavam todos reunidos num só lugar" remetem não à cidade ou ao estabelecimento, mas à região geográfica que Deus determinaria para cumprir "o dia de Pentecoste".

Qualquer plantação só dará certo se for feita em uma boa terra. Tão importante quanto ter boas sementes é ter boa terra.

O Egito não era o lugar para o povo de Deus. Canaã era esse lugar. No Egito, houve livramento; em Canaã, houve conquistas e o estabelecimento do povo vitorioso. Veja, não adianta apenas buscar vencer. A vitória deve ser buscada nos lugares corretos. O fator geográfico é fundamental.

O salmista faz duas perguntas: "Quem poderá subir o monte do Senhor? Quem poderá entrar no seu Santo Lugar?" (Salmos 24.3). A geografia é imprescindível; permanecer na posição, ainda mais. O homem de Deus resiste e reside no lugar estabelecido por Deus.

Há problemas na subida? Há dificuldades na permanência? Claro! Calebe, ao tomar Hebrom para si e sua família, teve que lutar contra os descendentes dos enaquins, ou seja, gigantes!

José tinha essa revelação a tal ponto que solicitou a seu povo que, ao serem livres do Egito, levassem seus ossos com eles para que fossem enterrados na terra das promessas do Senhor.

> Moisés levou os ossos de José, porque José havia feito os filhos de Israel prestarem um juramento, quando disse: "Deus certamente virá em auxílio de vocês; levem então os meus ossos daqui". (Êxodo 13.19)

GEOGRAFIA. Quando Jesus ressuscitou,

> "Os sepulcros se abriram, e os corpos de muitos santos que tinham morrido foram ressuscitados. E, saindo dos sepulcros, depois da ressurreição de Jesus, entraram na cidade santa e apareceram a muitos" (Mateus 27.52,53).

GEOGRAFIA.

Aprenda a estar onde Deus está; aprenda a estar onde ele quer que você esteja; e geralmente esse lugar é onde ele colocou você.

O engano, muitas vezes, tenta nos tirar da nossa posição geográfica de bênçãos e respostas. Sua casa é o lugar geográfico da sua bênção familiar. O seu lugar de trabalho ou estudo é ou será o lugar geográfico de bênçãos profissionais. A sua igreja é o local canalizador das bênçãos que ele reserva. Essa é a geografia de Deus!

Mas deixo claro que Deus não se restringe à geografia humana; ele estabelece uma geografia própria, independente da humana. Restringir Deus é a maior desfaçatez e burrice humana.

Igreja

IGREJA. CORPO DE CRISTO. NOIVA à espera de seu Amado. Expressão do Reino; pelo menos foi chamada para isso.

Claro que, quando falo de Igreja, não estou me referindo apenas a uma denominação específica. Não! Eu falo da unidade de todos que receberam o direito de ser chamados filhos de Deus. Em Cristo, batizados, transformados e vivos.

A Igreja foi fundada pelo Senhor dela, Jesus! Mas ela começa a existir como organismo e organização com a vinda do gerente enviado pelo fundador: o Espírito Santo.

Em Atos 2, a Bíblia conta sobre a chegada do CEO, enviado da sede, o céu, para a terra, a Igreja. Depois do chamado Pentecoste, a igreja teve o acréscimo de 3 mil pessoas em um só dia: "Os que aceitaram a mensagem foram batizados, e naquele dia houve um acréscimo de cerca de três mil pessoas" (v. 41).

Com a chegada do Espírito Santo, a igreja começa a se organizar:

Igreja viva e organizada que se dedica ao ensino apostólico. Dedica-se à comunhão, ao partir do pão entre seus membros e às orações. A igreja administrada pelo Espírito Santo é uma igreja que estuda e ora. Ora sem cessar (cf. v. 42).

Trata-se de uma igreja cheia do temor de Deus (reverência, contentamento, adoração, consagração etc.), motivo pelo qual vive milagres, sinais e maravilhas, operados por seus líderes (cf. v. 43).

A igreja comandada pelo Espírito Santo é unida! Porque o Espírito Santo a une! Não é um homem que une a igreja. O homem não tem a capacidade para isso. É o Espírito Santo que o faz! Mesmo que ele use homens para tal (cf. v. 44).

A igreja do Espírito Santo é uma igreja que busca identificar as necessidades de seus membros e procura supri-las. Até porque suprir necessidades só o Senhor da igreja consegue (cf. v. 45).

Também é uma igreja generosa, desprendida de riquezas. O dinheiro é usado por ela, não o contrário. Se somos cheios do Espírito Santo, o dinheiro não é a prioridade. Aliás, não está nem entre os primeiros lugares.

A igreja do Espírito Santo se reúne constantemente. Para uma pessoa cheia do Espírito Santo, ir à igreja é algo prazeroso, necessário, inadiável. Mas a busca a Deus não se resume às reuniões no templo. A vida cristã é expressa em casa, na rua, em todos os lugares, com alegria e sinceridade (cf. v. 46).

A igreja do Espírito Santo vive em louvor, porque sabe que é no meio do louvor que Deus habita! Louva com músicas, mas também com hábitos, atitudes, palavras. Sua vida é um instrumento de louvor a Deus (cf. v. 47)!

Uma igreja administrada pelo Espírito Santo tem a simpatia dos homens (e a antipatia dos que servem a Satanás). É uma igreja que salva, que representa o Salvador, que apresenta o Cordeiro que tira o pecado do mundo! Ela é sal. É luz. É instrumento de transformação da sociedade, mas, acima de tudo, de transformação de vidas!

Temor

UMA DAS PASSAGENS MAIS PODEROSAS (e amedrontadoras) da Bíblia é, sem dúvida, o texto que relata a história de Ananias e Safira, sua mulher (Atos 5). Não apenas pela morte súbita que tiveram ou pelo fato de terem tentado enganar o Espírito Santo, como também pelo fato de tal acontecimento ocorrer na vigência da nova aliança, onde a graça é maior ainda.

Mas aconteceu. Ao verem Barnabé ser honrado pelos membros da igreja e por Deus, pelo fato de ter vendido um terreno e doado todo o dinheiro da negociação à igreja, Ananias, em conluio com sua esposa, vendeu um terreno, pegou uma parte do recurso para si, ofertou outra parte à igreja e saiu se gabando, de forma mentirosa, que havia feito o mesmo que Barnabé.

Se diante dos homens a mentira tem pernas curtas, diante de Deus nem pernas tem. Ananias e Safira morreram por terem mentido ao Espírito Santo em uma época que a presença dele era abundante na igreja.

Tal acontecimento, segundo a Bíblia, gerou temor em toda a igreja e também em todos os que ouviram a notícia (cf. v. 11).

O temor vai além do medo. Temor é submissão em amor. É sujeição em adoração. É reverência plena. Como é possível temer e amar alguém ao mesmo tempo? Pergunte aos homens casados! E esse movimento de temor gerou vida na igreja (v. 12-16): "de modo que o povo também levava os doentes às ruas e os colocava em camas e macas, para que pelo menos a sombra de Pedro se projetasse sobre alguns, enquanto ele passava" (v. 15). Temor gera vida de Deus; temor gera sinais sobrenaturais.

Mas os membros do Sinédrio, sobretudo os da seita dos saduceus, foram tomados de inveja. E por isso mandaram prender os apóstolos (v. 17,18).

Quando a vida de Deus se expressa em nós de uma forma intensa, aqueles que não são movidos por ele "morrem" literalmente de inveja.

Só que os apóstolos não ficaram nem vinte e quatro horas presos. Atos 5.19,20 diz: "Mas durante a noite um anjo do Senhor abriu as portas do cárcere, levou-os para fora e disse: 'Dirijam-se ao templo e relatem ao povo toda a mensagem desta Vida' ".

Quando de fato o nosso coração tem temor a Deus, não há prisão que nos prenda por muito tempo. Os anjos do Senhor são encarregados de nos libertar em pouco tempo. O temor do Senhor liberta!

Mas liberta por um propósito determinado. O anjo não apontou a saída, dizendo "corram e se escondam". Ele disse: " [...] 'Dirijam-se ao templo e relatem ao povo' [...]".

O temor do Senhor sempre nos leva de volta ao templo. Quando tememos a Deus, queremos viver no templo. Quando perdemos o temor, afastamo-nos do templo. É algo correlacionado.

Também recebemos uma missão ou um incentivo para continuar a missão que Deus nos confiou. Quem teme a Deus, tem chamado!

Assim nos diz o versículo 29 de Atos 5: "Pedro e os outros apóstolos responderam: 'É preciso obedecer antes a Deus do que aos homens!' " (v. 29). Mesmo que esse homem seja você mesmo e a sua própria vontade.

Paz

VOCÊ QUER TER PAZ?

O ser humano está em constante busca da paz de espírito, paz interior e também paz exterior. Todos querem viver bem, com tranquilidade, em segurança.

Apesar de sabermos que a paz infinita, a paz sem fim, só virá em definitivo no advento da segunda vinda de Cristo Jesus e com o estabelecimento de seu Reino, temos condição de ter paz mesmo em meio às guerras da vida.

Sim, podemos encontrar paz, mesmo quando lutamos. Em Atos 9.31, há um registro ou roteiro. Depois de passar por grande perseguição, a igreja em Jerusalém viveu um momento de paz. Foi logo depois da conversão de Paulo. Veja o que diz o texto:

> A igreja passava por um período de paz em toda a Judeia, Galileia e Samaria. Ela se edificava e, encorajada pelo Espírito Santo, crescia em número, vivendo no temor do Senhor.

Na versão *Almeida Revista e Atualizada*, a expressão utilizada é "A Igreja, na verdade, tinha paz".

E a que se devia esse período de paz? Ela se edificava no Espírito Santo. A *Almeida Revista e Atualizada* diz: "edificando-se e caminhando no temor do Senhor, e, no conforto do Espírito Santo, crescia em número".

Ter paz tem tudo a ver com viver sob o comando do Espírito Santo, edificando-se nele, por ele e para ele. Ter paz tem tudo a ver com caminhar no temor do Senhor. Temor não é medo. Temor é reverência, respeito, devoção, gratidão, observância de preceitos e também medo. Quer ter paz? Tenha temor do Senhor e viva no, e pelo, Espírito Santo.

O contrário também é verdade. Não existe período de paz sem o temor do Senhor e sem o Espírito Santo. O pavor, o desespero, a angústia e a bagunça tomam conta de quem vive longe do temor de Deus. Pense, mude e tenha paz! Vida sem paz não é vida. É tormento. É morte em vida.

A visão de Pedro

EM ATOS 10.9-16, A BÍBLIA conta que o apóstolo Pedro subiu ao terraço de uma casa para ter um tempo com Deus, em oração. Ele estava hospedado em uma grande casa, à beira-mar (talvez por isso tenha querido subir ao terraço — por causa da vista), que pertencia a Simão, o curtidor de couro. Uma casa provavelmente muito usada para reuniões e hospedagem de irmãos em razão do seu tamanho. Simão, com certeza, era um homem rico.

Orando, Pedro "caiu em êxtase" e teve uma visão:

> Viu o céu aberto e algo semelhante a um grande lençol que descia à terra, preso pelas quatro pontas, contendo toda espécie de quadrúpedes, bem como de répteis da terra e aves do céu. Então uma voz lhe disse: "Levante-se, Pedro; mate e coma" (v. 11-13).

A Lei de Moisés proibia o homem de comer tais animais por serem considerados impuros. A pena era severa, não pelo fato de comer a carne do animal em si, mas pela desobediência a um mandamento direto de Deus.

Certamente, por isso, Pedro que, a vida inteira, foi zelote (membro de uma facção que acreditava na superioridade dos judeus e na retomada do reino de Davi para exclusividade dos judeus, e que para isso seguia as regras e ordenanças de Moisés), respondeu:

> [...] "De modo nenhum, Senhor! Jamais comi algo impuro ou imundo!" (v. 14).

Aí a discussão começou. Sim, até Pedro quis debater com Deus, bem como Abraão, Moisés e Elias. Você não é o único!

"A voz lhe falou segunda vez: 'Não chame impuro ao que Deus purificou'. Isso aconteceu três vezes, e em seguida o lençol foi recolhido ao céu" (v. 15,16). Na *Almeida Revista e Atualizada*, a expressão utilizada é "Ao que Deus purificou não consideres comum".

Quantas vezes ficamos presos na nossa religiosidade e não percebemos o que Deus está fazendo ou mesmo falando conosco? Inúmeras. Pedro estava nessa situação.

Preso em sua religiosidade e pseudoteologia, respondeu que "jamais" desobedeceria a Deus, mesmo que para isso tivesse que lhe desobedecer. Percebe?

Nesse debate, dizemos a Deus que o que ele purificou ou santificou é para nós "comum" ou "impuro". *O que Deus faz jamais poderá ser considerado comum!* Muito menos impuro.

Deus curou alguém na igreja! Ah, isso já é comum. Deus usou o pastor para falar comigo hoje! Ah, isso é comum aqui. Deus tem cuidado de mim, mas a minha ansiedade exacerbada acredita que algo de ruim vai acontecer... A lista é grande!

Deus, e somente Deus, escolhe a forma de seu Espírito Santo agir. E a forma de ele agir é santa. Ponto final! Por isso afirmo e reafirmo quantas vezes for necessário: *teologia sem revelação do Espírito Santo, não passa de geografia e história.*

Por outro lado, a nossa espiritualidade precisa ser confirmada na teologia, senão ela é falsa. Deus age segundo sua própria palavra!

É importante e fundamental que a igreja "do Caminho", a "comunidade dos discípulos" — para usar as formas pelas quais a igreja primitiva foi chamada em Atos — saiba como Deus vai agir. Pedro não conseguiu entender naquele momento, mas, depois de refletir, Deus mostrou a ele.

Perceba que Deus mostrou. Pedro não ouviu "de uma voz interior" que geralmente atribuímos à Divindade. Não! Deus mostrou a ele enquanto meditava, com a chegada dos servos de Cornélio. Não era apenas a casa de Cornélio a ser visitada por Deus. Era um novo momento que a igreja começaria a viver: o alcance dos gentios!

Como o tempo é relativo, pelo menos para Deus, o Senhor sabia que a igreja não entenderia esse novo momento. A salvação não seria apenas para os judeus. Ela viria dos judeus, mas não seria exclusiva deles, algo que ia na contramão do que eles tinham ouvido desde crianças nas sinagogas, no templo e nas escolas judaicas.

Pedro era o mais respeitado líder da igreja nesse momento. Portanto, quando falasse aos demais líderes, como Tiago e João, eles o ouviriam, assim como aconteceu posteriormente em um concílio entre todos os apóstolos. Pedro anunciou que o Espírito Santo estava inaugurando um novo momento: não mais apenas na Judeia, em Samaria, mas agora também a igreja chegaria aos confins da terra.

O que Deus purificou, não considere comum. O que ele santificou, não considere impuro. Ele não nos deve satisfação. Ele é soberano!

Quando você entrar "em êxtase" na presença de Deus, saiba que ele o desafiará a sair do seu conforto religioso e espiritual. Desafiará você a viver mais na fé e na espiritualidade, navegando no mar do sobrenatural, com a bússola chamada Bíblia.

Saiba que ele o fará seguir vários homens para alcançar "Cornélios" no mundo todo. Saiba que ele poderá dizer: "Levante-se, mate e coma", sabendo que isso talvez vá de encontro às suas crenças pessoais. Ele está acima delas.

Talvez você se debata com ele. O problema não está no debate, e sim na desobediência. Não é a obediência um ato de fé? Sem dúvida, um dos maiores.

Vocação ministerial

PAULO TINHA COMO BASE DE seu ministério a cidade de Antioquia, situada na atual Turquia. De lá, Paulo viajou certa vez para Icônio, outra cidade turca (ambas as cidades existem até hoje).

Naquela época, a Turquia era uma região grega, sob grande influência cultural, filosófica e religiosa da Grécia. Quando Paulo pregava em Icônio, a Bíblia relata em Atos 14 que "veio a crer grande multidão de judeus e gentios" (v. 1). Naquela época, a Grécia, a Turquia e Israel eram dominados pelo território do Império Romano.

Como em outras ocasiões, judeus movidos por inveja e ódio, incitaram os icônios e os gregos contra Paulo e Barnabé, seu companheiro de viagem, provavelmente com ameaças de morte. Mas Paulo sabia em quem ele cria!

> Mas os judeus que se tinham recusado a crer incitaram os gentios e irritaram-lhes o ânimo contra os irmãos. Paulo e Barnabé passaram bastante tempo ali, falando corajosamente do Senhor, que confirmava a mensagem de sua graça realizando sinais e maravilhas pelas mãos deles. (Atos 14.2,3)

Paulo agiu com coragem. Falou corajosamente do Senhor àquele povo. Cumpriu seu ministério, independentemente das ameaças que sofria. A *Almeida Revista e Atualizada* diz que ele "fala[va] ousadamente no Senhor". A ousadia de Paulo em continuar seu ministério logrou graça diante de Deus, que "confirmava" o ministério apostólico "realizando sinais e maravilhas pelas mãos deles".

Fique firme na vocação ministerial que Deus deu a você. A que Deus deu a você, não a que você pensa ou diz ter. E Deus confirmará na sua vida o que nem olhos viram, nem ouvidos ouviram, nem jamais penetrou em coração humano — o que Deus preparou para você!

Vida com propósito

NÃO SEI DE VOCÊS, MAS eu tenho uma coleção de versículos pelos quais tenho verdadeira paixão. Um deles é o versículo 24 de Atos 20, uma frase de Paulo:

> Todavia, não me importo, nem considero a minha vida de valor algum para mim mesmo, se tão somente puder terminar a corrida e completar o ministério que o Senhor Jesus me confiou, de testemunhar do evangelho da graça de Deus.

Em outras traduções, a expressão que o texto sagrado usa é: "mas em nada tenho a minha vida como preciosa para mim, contando que complete a minha carreira e o ministério que recebi".

Paulo não somente acreditava que, se não cumprisse seu ministério, sua carreira, sua vida não teria valor algum. Ia além disso. Paulo sabia que sua vida não teria valor nenhum à parte da vontade de Deus para ele.

A vida sem o propósito de Deus não tem sentido. Então Paulo descobriu a resposta para a pergunta existencial mais importante de todos os tempos, a que nenhum filósofo grego ou professor de Harvard conseguiu responder: "Qual é o sentido da vida?".

O sentido da vida é viver a vontade de Deus. Só por meio da vontade divina a vida terá sentido!

O líder e as tempestades da vida

QUE A VIDA É CHEIA de problemas e situações adversas, todo mundo sabe. Que ela também é cheia de vitórias e momentos felizes, todos também o sabem. Mas, sem dúvida, ao enfrentarmos as tempestades da vida, é que temos a fé e a confiança em Deus testadas, aprovadas ou até mesmo reprovadas.

Assim como ocorre na natureza, as tempestades que enfrentamos em vida têm seus níveis. Algumas são apenas chuvas fortes e torrenciais. Outras são verdadeiros furacões. É em meio às tormentas e aos furacões que o verdadeiro líder se manifesta.

Um grande exemplo é Paulo. Ao ser julgado por Festo, o apóstolo, por ser cidadão romano, apelou para César. Era um direito daqueles que possuíam a cidadania romana ser julgado pelo próprio imperador. Seria mais ou menos recorrer à Suprema Corte hoje.

Então Paulo é enviado para Roma em uma embarcação. No texto de Atos 27, temos a descrição de como foi essa viagem. Várias paradas. Várias tempestades. Duas semanas enfrentando tormentas e o frio do inverno. Até que, ao avistarem uma ilha, foram tragados por um redemoinho (v. 41) e o barco veio a naufragar.

A forma de Paulo atuar naqueles dias de alto-mar e de mar extremamente revolto nos ensina como um líder deve se portar. Vejamos:

1. Nos versículos 9 e 10, Paulo exorta os marinheiros e o centurião responsável pelos presos a não prosseguir a viagem. Paulo estava acostumado a navegar. Sabia quando o mar não estava para marinheiro.

O líder sempre usa sua experiência pessoal, de vida, seu conhecimento adquirido, para exortar sobre os perigos do caminho. E tenta convencer os demais, mesmo que estes não o escutem, que foi exatamente o que aconteceu.

2. Nos versículos 20-26, o barco estava debaixo de "grande tempestade", céu totalmente fechado: "Não aparecendo nem sol nem estrelas por muitos dias", o que levou a dissipar na tripulação "toda a esperança de salvamento".

Imagine essa situação. Dias debaixo da tempestade em uma embarcação frágil. Sem estrelas, sol, chuva incessante forte, ventos, ondas, sem nenhum outro barco à vista. Desespero total em todos.

O que Paulo fez?

> "Mas agora recomendo que tenham coragem, pois nenhum de vocês perderá a vida; apenas o navio será destruído. Pois ontem à noite apareceu-me um anjo do Deus a quem pertenço e a quem adoro, dizendo-me: 'Paulo, não tenha medo. É preciso que você compareça perante César; Deus, por sua graça, deu-lhe a vida de todos os que estão navegando com você'. Assim, tenham ânimo, senhores! Creio em Deus que acontecerá conforme me foi dito." (Atos 27.22-25)

Paulo ministrou ânimo. Contou sua experiência sobrenatural. Disse a todos palavras de esperança e de um futuro de livramento. Ânimo!

O líder é aquele que reconhece as experiências sobrenaturais, mesmo as pequenas, em meio às tempestades. O líder é aquele que em mar revolto ministra ânimo à tripulação. "Vamos sair dessa!"

E o principal: O líder confia em Deus. E sua confiança é expressa com clareza a tudo e a todos.

Nos versículos 30-32, os marinheiros começam a querer abandonar o navio. Paulo chamou a atenção do centurião, que impediu a fuga.

Paulo sabia que sem os marinheiros experientes a chance de sobrevivência seria mínima. Sobrariam presos, viajantes e soldados, sem experiência com o mar.

O líder é aquele que fica atento às artimanhas malignas e covardes que visam prejudicar "os que estão a bordo" em meio a uma tempestade. E, quando as percebe, age com inteligência e rapidez.

3. Nos versículos 33-36, quando aparentemente a tempestade deu uma trégua, Paulo exorta a todos que se alimentem:

> Pouco antes do amanhecer, Paulo insistia que todos se alimentassem, dizendo: "Hoje faz catorze dias que vocês têm estado em vigília constante, sem nada comer. Agora eu os aconselho a comer algo, pois só assim poderão sobreviver. Nenhum de vocês perderá um fio de cabelo sequer". Tendo dito isso, tomou pão e deu graças a Deus diante de todos. Então o partiu e começou a comer. Todos se reanimaram e também comeram algo.

Ao ver uma trégua na tempestade e ao saber que ainda virá mais adversidade, o líder exorta a todos a recobrar forças. O líder "toma o pão" e dá graças a Deus. Ele sabe reconhecer no pequeno pedaço de pão a provisão de Deus. Mesmo que não fosse um grande jantar, nesse caso, mas com certeza era o que precisavam para enfrentar o naufrágio. Deus estava cuidando deles.

Por fim, quando o barco estava para naufragar (cf. v. 40-44), os soldados queriam matar os presos. Querendo proteger Paulo, o centurião determinou que soltassem os presos para que cada um pudesse sobreviver ao naufrágio à sua maneira.

O líder é aquele que está disposto a salvar com seu exemplo, com sua atitude em pregação aos que "estão no barco". Todos chegaram a salvo na ilha de Malta. Todos receberam os cuidados dos cidadãos daquela terra. Foram salvas 266 pessoas porque Paulo soube se comportar como um líder cheio do Espírito Santo em meio a uma grande tempestade.

Creio que todos os cristãos devam saber Romanos de cor,
mas também exercitar-se nele cada vez mais continuamente
como pão diário da alma.

— William Tyndale

Romanos

Forçar a barra

TENHO TENTADO ENSINAR O PERIGO do engano, pois o engano é o maior instrumento do Diabo contra nós, sobretudo os líderes, pois gera fatalmente a rebeldia. Ele nos afasta dos propósitos mais simples aos mais grandiosos em Deus.

Em um desses estudos, falei sobre o engano produzido por nós mesmos. Na mesma linha, fala o apóstolo Paulo em sua carta aos Romanos:

> Por isso, pela graça que me foi dada, digo a todos vocês: Ninguém tenha de si mesmo um conceito mais elevado do que deve ter; mas, ao contrário, tenha um conceito equilibrado, de acordo com a medida da fé que Deus lhe concedeu. (Romanos 12.3).

Em hipótese alguma, devemos ser levados ao engano de pensar que somos algo em Deus, na igreja ou em qualquer outro lugar quando de fato não somos. Esse seria um caminho perigoso, de engano. Devemos pensar de acordo com a medida da fé que recebemos de Deus. Ou seja, devemos ocupar a posição na qual Deus nos põe, esperando dele a promoção. A promoção forçada pode até funcionar no mundo corporativo, mas em hipótese alguma funciona para o Deus que tudo vê e que sonda a mente e o coração.

O livro de Isaías é mais contundente:

> Os olhos do arrogante serão humilhados e o orgulho dos homens será abatido; somente o SENHOR será exaltado naquele dia. O SENHOR dos Exércitos tem um dia reservado para todos os orgulhosos e altivos, para tudo o que é exaltado, para que eles sejam humilhados; [...] A arrogância dos homens será abatida,

> e o seu orgulho será humilhado. Somente o SENHOR será exaltado naquele dia (Isaías 2.11,12,17).

Há algumas evidências de quando somos influenciados pelo engano a pensar mais de nós. Por exemplo, quando somos arrogantes, orgulhosos, considerando-nos melhores do que os outros.

Minha palavra a você é esta: paciência. Sua hora vai chegar! Apenas confie e faça o seu trabalho. Deus tem "seu modo" e "seu tempo". Forçar a barra pode ser interpretado como orgulho, e o orgulho é pecado. Eu tive que esperar a minha hora. Quando forcei a barra, fui detido. Muitas vezes, de forma bondosa; outras, nem tanto. Eu ainda estou longe do que Deus reservou para mim. Preciso ter paciência e confiar que, em sua preciosa hora, o meu momento chegará.

Honra a quem ela é devida

HONRA A QUEM SE DEVE honra, é uma das conclusões de Paulo em Romanos 13, texto no qual ele se refere a autoridades espirituais e naturais. A elas, se deve honra, seja um governante que mereça a honra pelo cargo que exerce, seja a autoridade espiritual a quem se deve honrar por investidura espiritual de Deus.

A primeira mensagem bíblica de honra refere-se aos pais. Um dos Dez Mandamentos é honrar os pais, e com essa honra vem uma promessa embutida. Exatamente porque, ao honrar alguém digno de ser honrado, o maior abençoado é quem honra.

Davi é o exemplo maior. Honrou Saul até o fim, mesmo que o rei tentasse diversas vezes matá-lo. Sua honra pesou positivamente na balança divina. Davi foi muito mais abençoado que seu objeto de honra: Saul.

Honra não é obediência. Obediência é obedecer a quem deve ser obedecido. Honra é, acima de tudo, reconhecer. Reconhecer quem de fato investiu em sua vida, apostou em você, a despeito de tantas adversidades e adversários. Reconhecer que sem tal pessoa você não chegaria ao lugar almejado.

Honrar é reconhecer a importância da pessoa objeto de honra ainda quando você não precisa mais dela. Talvez a mais bela manifestação de honra a alguém seja exatamente quando isso acontece.

Triste e revoltante é ver alguém não prestar a devida honra a quem de fato a merece. Os motivos são muitos, mas a consequência geralmente é a mesma.

Acredite, o caminho ministerial começa a naufragar quando se deixa de honrar quem ajudou você a chegar lá. Trata-se de um princípio de aliança divino. Josué foi servo de Moisés. Eliseu deitou água na boca de Elias; ambos honraram até morrer seus responsáveis pelas "capas". Poderiam ter dito que haviam feito mais milagres ou conquistado a terra prometida. Poderiam ter transferido a honra a outro. Mas não; conheciam o poder da honra.

Paulo ensinou a Timóteo que "Os presbíteros que lideram bem a igreja são dignos de dupla honra, especialmente aqueles cujo trabalho é a pregação e o ensino" (1Timóteo 5.17). A pessoa que Deus pôs na sua vida para ensinar você e que usa a própria vida para abençoar a sua merece "dupla honra". Trata-se de dignidade!

Honrar alguém segundo o dicionário constitui-se em "manifestações que denotam respeito, consideração por alguém que se distinguiu por sua conduta em prol de alguém ou algo maior". O significado natural já é rico e poderoso. No sentido espiritual, ultrapassa o entendimento e toca o coração do Senhor de toda a honra.

> A honra é herança dos sábios, mas o SENHOR expõe os tolos ao ridículo. (Provérbios 3.35)

Mostra como levar os nossos problemas
ao ponto em que é derramada luz sobre eles
pelas grandes verdades cristãs.
– Leon Morris,
em referência à primeira carta aos Coríntios

1Coríntios

Há esperança para todos nós

> Mas Deus escolheu o que para o mundo é loucura para envergonhar os sábios e escolheu o que para o mundo é fraqueza para envergonhar o que é forte. (1Coríntios 1.27)

RACIOCINE COMIGO: NOÉ "BEBERRÃO". MESMO assim, foi com ele que Deus firmou uma aliança. Abraão "velho", Sara "estéril", e mesmo assim Deus os chamava de pais de uma numerosa nação como as estrelas do céu e o pó da terra. Isaque "mauricinho" e "encalhado", mas foi com ele que Deus continuou seu projeto. Jacó "malandro", mas Deus o transformou em Israel. José "rejeitado" por sua família; foi escravo, preso e acusado injustamente, mas Deus o levou a ser governador.

Moisés "violento e *playboy*", "acomodado" e depois, bem foi Moisés! Raabe "prostituta", e Deus a usou para, depois de casar com um ricaço, ser avó de Davi e, portanto, ascendente de Jesus. Uma ex-prostituta na árvore genealógica de Jesus! De fato, o senso de humor de Deus confunde as coisas sábias deste mundo.

Davi "desprezado" pelo pai, "adúltero", o que não impediu que Deus o transformasse no "homem segundo o seu coração". Jeremias "menino" e "reclamão". Elias "nervoso e deprimido". Eliseu "temperamental". Todos grandes profetas usados por Deus, apesar de possuírem um emocional longe de ser saudável.

Os discípulos, com pouco estudo, tornaram-se sábios ministros do evangelho. Pedro, falastrão, tornou-se o grande líder da igreja primitiva. Paulo, metido a intelectual, inteligente, perseguidor de cristãos, frio, calculista, tornou-se o pregador da graça e da misericórdia.

Ou seja, há esperança para todos nós. Basta querer e agir como estes fizeram; rejeitaram o mundo e as paixões do tempo em que viveram, para estrear um papel no propósito eterno do Eterno.

Maduros ou imaturos

A MATURIDADE NATURAL ANDA DE mãos dadas com a maturidade espiritual. Dificilmente você encontrará alguém que seja espiritualmente maduro que não seja maduro como pessoa.

Evidentemente que maturidade tem a ver com vivência e idade. Mas por que há pessoas com certa idade que ainda são imaturas? Ou por que há pessoas que já frequentam a igreja há tanto tempo e ainda são imaturas espiritualmente? Paulo responde:

> Irmãos, não pude falar a vocês como a espirituais, mas como a carnais, como a crianças em Cristo. Dei a vocês leite, e não alimento sólido, pois vocês não estavam em condições de recebê-lo. De fato, vocês ainda não estão em condições, porque ainda são carnais. Porque, visto que há inveja e divisão entre vocês, não estão sendo carnais e agindo como mundanos? (1Coríntios 3.1-3).

Quem são "crianças em Cristo" segundo o apóstolo Paulo? Aqueles que são "carnais"! Carnais como? Quem tem inveja e é chegado a brigas.

A imaturidade natural é medida pelo controle da carnalidade na sua vida. A imaturidade espiritual é medida pela falta de influência espiritual na sua carne.

Ciúmes e porfias são sintomas claros de uma vida imatura. O autor de Hebreus vai além. Diz que há alguns que já deveriam ser maduros espirituais, pelo tempo, mas não o são. Veja o motivo:

> Embora a esta altura já devessem ser mestres, precisam de alguém que ensine a vocês novamente os princípios elementares

> da palavra de Deus. Estão precisando de leite, e não de alimento sólido! Quem se alimenta de leite ainda é criança e não tem experiência no ensino da justiça. Mas o alimento sólido é para os adultos, os quais, pelo exercício constante, tornaram-se aptos para discernir tanto o bem quanto o mal. (Hebreus 5.12-14).

Não são maduros ou deixam de ser maduros porque se afastam dos "princípios elementares da palavra de Deus", por isso devem tomar leitinho, não comida sólida.

Em resumo, há três sintomas de imaturidade:

- Ciúmes
- Contenda
- Afastamento das coisas básicas da vida ministerial ou não praticá-las

O exemplo de Paulo

O APÓSTOLO PAULO, HOMEM QUE Deus escolheu para ser o doutrinador da Igreja, escreveu ao todo 13 cartas bíblicas, teve sua história registrada em grande parte dos livros pós-Evangelhos no Novo Testamento.

Paulo se posicionou como apóstolo, líder, mestre, evangelista, sábio, intelectual, cidadão politizado, pastor e supervisor, mentor e pai espiritual. Admiro e tento absorver tudo o que a minha limitação humana permite no que se refere a esse homem de Deus. Paulo levava o povo à busca da santidade, ao não conformismo aos padrões do mundo, a aprender de Deus e se relacionar profundamente com ele, e sempre ministrava sobre a perfeita e maravilhosa graça. Paulo era absolutamente marcante e profundo.

Fazendo uma relação com profissionais atuais, tinha quatro profissões: duas registradas, advogado e agente no Sinédrio, antes da conversão; curtidor ou fabricante de tendas, e *coach* de pessoas, ou seja, formador de líderes. Largou duas delas para dedicar-se integralmente à propagação do evangelho e do Reino. Muito provavelmente, deixou de ganhar dinheiro, além de perder o que anteriormente havia ganhado ou herdado de sua família abastada, para se dedicar à disseminação do evangelho; para desprezar o temporal e viver na terra, em antecipação, o que era se referia diretamente ao Eterno. Ele não esperava a manifestação, mas, sim, já vivia o Reino e o Eterno aqui.

Como formador de líderes, usava termos e tons espetaculares. Vejamos alguns a seguir. Em Romanos:

- Recomendou a irmã Febe por seus serviços na igreja de Cencreia.

- Saudou Priscila e Áquila, que o serviam como filhos amorosos a um pai, a ponto de arriscarem literalmente a própria cabeça, uma vez que os romanos decapitavam os cristãos.
- Maria, que "trabalhou arduamente por vocês".
- Andrônico e Júnias, que, mesmo presos e condenados com ele, o serviam como anjos do Senhor, o que de fato eram.
- A mãe de Rufo, que tratou Paulo como a um filho.
- Gaio, que o hospedava.

Em Coríntios, Paulo agradece a Deus pela vinda de dois homens que o serviam: Estéfanas e Fortunato, porque eles "trouxeram alívio ao meu espírito". Em Éfésios, faz menção ao líder por ele gerado para abençoar a igreja que ali havia sido estabelecida: Tíquico.

Em Colossenses, a lista é imensa. Há "amado", "fiel" e "cooperador", "companheiro de prisão", "fiel ministro", "cooperadores em favor do Reino de Deus", os quais foram para Paulo "fonte de ânimo" (remédio para a alma, que suaviza as lutas).

Contudo, nada se compara às cartas que ele enviou a seus filhos. Não eram, nem poderiam ser, filhos naturais. Tratava-se de seus filhos espirituais. O tesouro espiritual que Paulo ao longo dos anos havia juntado seria, no futuro, repassado a eles. Veja com que carinho os trata:

Timóteo: "verdadeiro filho na fé" e "meu amado filho". A ele dá instruções claras: "guarda o que lhe confiei até aquele dia"; "mantenha viva a chama do dom de Deus que está em você mediante a imposição das minhas mãos".

Paulo ainda diz a Timóteo, na segunda carta: "tem seguido de perto o meu ensino, a minha conduta, o meu propósito, a minha fé, a minha paciência, o meu amor, a minha perseverança". A Tito, ele também falou: "meu verdadeiro filho em nossa fé comum".

Tendo tudo isso em mente, afirmo:

Paulo foi grande homem de Deus, com um propósito, uma missão específica, e revestido da autoridade de Deus em sua vida.

Ele tinha um gênio difícil, chegando a discutir com Pedro na frente de outros e "brigando" com seu melhor amigo, Barnabé, porque em determinado momento não tinham a mesma opinião sobre quem deveria fazer parte da equipe de viagens.

Paulo também foi corajoso ao extremo: desafiou reis e poderosos; chegou a usar seu título de cidadão romano e acabou apelando para César, sabendo que poucos tinham esse direito.

Além disso, Paulo era astuto e estrategista. Desceria por um cesto pelo muro da cidade, fingiu-se de morto em meio a um apedrejamento e, ao perceber que o tribunal era composto de fariseus e saduceus, logo se apresentou como fariseu de nascença, o que causou uma grande confusão.

Por último, comento que Paulo escolheu seus discípulos, alunos e filhos.

> Não estou tentando envergonhá-los ao escrever estas coisas, mas procuro adverti-los, como a meus filhos amados. Embora possam ter dez mil tutores em Cristo, vocês não têm muitos pais, pois em Cristo Jesus eu mesmo os gerei por meio do evangelho. Portanto, suplico-lhes que sejam meus imitadores. (1Coríntios 4.14-16)

Paternidade espiritual

> Não estou tentando envergonhá-los ao escrever estas coisas, mas procuro adverti-los, como a meus filhos amados. Embora possam ter dez mil tutores em Cristo, vocês não têm muitos pais, pois em Cristo Jesus eu mesmo os gerei por meio do evangelho. Portanto, suplico-lhes que sejam meus imitadores. (1Coríntios 4.14-16)

MUITO SE FALA SOBRE PATERNIDADE espiritual. Um termo usado em todo tempo, desde os primórdios da igreja primitiva, que ficou apagado em tempos recentes e que volta a ter conotação importante na Igreja hoje.

Encontramos textos ilustrativos e inspirativos no Antigo Testamento, bem como mensagens claras dos apóstolos, sobretudo nas cartas de Paulo. Esse texto da primeira carta aos Coríntios é um exemplo; aliás, Paulo era enfático ao afirmar sua paternidade espiritual, seja em um aglomerado de irmãos (igreja local), seja em seus relacionamentos mais próximos (Timóteo, Onésimo e Tito, exemplos clássicos).

Aos gálatas, Paulo disse que sentia as "dores do parto [...], até que Cristo seja formado em vocês". E isso depois de tê-los chamados carinhosamente de "meus filhos" (cf. 4.19). Paulo sabia que, ao receber o título de pai espiritual de alguém, deveria ter a responsabilidade de gerar essa pessoa em Cristo Jesus. E isso debaixo de uma verdadeira "dor de parto".

Aos coríntios, Paulo foi enfático; a igreja local poderia ter tido vários mestres, tutores e líderes, mas não pais. E, como Paulo os havia gerado, ele era o pai daquele grupo, por isso poderia chamá-los a ser seus imitadores.

A paternidade espiritual não pode ser descontextualizada. Ela existe para uma finalidade: gerar Cristo na vida de seus discípulos. Não pode substituir a paternidade natural e muito menos a divina, o que seria inclusive pecado.

É o que Jesus diz em Mateus 23.9: "A ninguém na terra chamem 'pai', porque vocês só têm um Pai, aquele que está nos céus". Esse versículo deve ser interpretado à luz de todo o contexto. Jesus estava confrontando os escribas e fariseus, que se consideravam acima de todos. Jesus advertia que quem quer ser líder, deve primeiro ser servo de todos (v. 11). E ainda ensinou que ninguém, absolutamente ninguém, pode substituir o Pai celestial em seu coração, em sua mente e na sua vida.

Por isso, Paulo afirmava ser pai de grupos e de pessoas. Paulo sabia que ele era apenas um instrumento de formação na vida de outros, usado pelo Pai celestial, além de ser servo de todos!

Na segunda carta aos Coríntios, Paulo, já nas considerações finais, diz:

> Agora, estou pronto para visitá-los pela terceira vez e não serei um peso, porque o que desejo não são os seus bens, mas vocês mesmos. Além disso, os filhos não devem ajuntar riquezas para os pais, mas os pais para os filhos. (2Coríntios 12.14).

Ele entendia que, assim como um pai natural entesoura para os filhos, não o contrário (e quebrar ou inverter isso seria e é algo que fere a ordem natural), o pai espiritual deveria servir a seus filhos.

Na paternidade natural, não há escolha. O filho não pode escolher de quem deseja ser filho. Nem em caso de adoção, quando alguém assume o papel legal, há essa possibilidade. Mas a paternidade espiritual é de livre escolha do filho. Contudo, diante dessa escolha, é bom o cristão em formação fazer algumas considerações.

Primeiro, quem gerou deve continuar gerando. Lembro que a formação de Cristo em nós somente se concretiza na eternidade. Segundo, ele faz parte de uma genealogia espiritual forte à qual vale a pena você e a sua família estar vinculada? Lembro que a genealogia na Bíblia tem muita importância. É um bom exemplo a ser seguido? Para isso devem ser considerados todos os aspectos na vida, mas sobretudo a vida espiritual do pai. Unção e autoridade são passadas de geração a geração.

Por fim, essa pessoa é ungida por Deus para tal? Ministério é algo que Deus concede ao homem para que se cumpra uma finalidade. Autoridade, da mesma forma. Seguir alguém que é vocacionado por Deus para liderar é algo fundamental na existência do cristão.

O Antigo Testamento é rico em paternidade espiritual. No Novo, sabemos pelos pais da Igreja como Paulo, Pedro, os dois Tiagos e João. Paulo dava mais foco. Já no Antigo, vemos claramente como Deus age por meio da paternidade.

Os patriarcas (de Abraão a José); alguns dos juízes; Samuel, ao ungir Saul e depois Davi; Natã, ao formar Salomão; Joiada e o rei Joás; Elias e Eliseu... A lista é sobremodo extensa. Permita-me concentrar-me em alguns que podem nos ensinar muito:

a) Rute e Noemi

Nessa rica história, Deus ensina a importância de honrar a paternidade espiritual, ou melhor, a mãe espiritual aqui. A aliança que Rute construiu com Noemi pesou diante de Deus. Rute não quis se separar de sua mãe espiritual, mesmo naquele momento de extrema dificuldade. Rute disse a Noemi que aonde Noemi fosse, ela iria também. O Deus de Noemi seria seu Deus e, em todo caminho que ela andasse, Rute estaria junto. Rute terminou dizendo que Deus poderia fazer o que quisesse com ela, pois apenas a morte a separaria de Noemi.

Essa aliança era tão forte que Deus honrou e abençoou Rute com um casamento milionário. Ela e o marido foram bisavós de Davi, um dos ancestrais naturais de Jesus. Honrar a paternidade espiritual constituída por Deus na sua vida, caminhar sob ela e servir a Deus resultarão em bênçãos de honra reais na vida do filho espiritual.

b) Joiada e Joás

A Palavra de Deus descreve o rei Joás, que começou bem cedo a reinar, governando com muita dedicação, enquanto o sacerdote Joiada era vivo. Joiada criou Joás, que ficou órfão bem cedo. Quando Joiada morreu, Joás se perdeu. Ter um guia espiritual, como diz o autor de Hebreus no capítulo 13, nos ajuda a não perder o caminho a seguir. Às vezes, podemos até ter um destaque natural ou ministerial maior do que o do pai espiritual, o que acontece com certa frequência, como foi com o rei Joás, mas seguir as orientações e estar debaixo da cobertura espiritual, mesmo nessas circunstâncias, faz toda a diferença.

c) Mardoqueu e Ester

Mardoqueu era tio de Ester, que a criou quando bem novinha, porque havia ficado órfã. Por meio da vida dele, Deus gerou autoridade e decência na vida de Ester, a ponto de o rei mais poderoso da terra na época, Xerxes (também chamado de Assuero), ter ficado encantado por ela.

d) Moisés e Josué

Moisés teve dois filhos naturais e um filho espiritual, que tinha o costume de ficar bem próximo da tenda de Moisés. Toda vez que Deus conversava como um amigo com Moisés, em sua glória e majestade, Josué estava perto, presenciando, ouvindo e absorvendo tudo. Tinha um imenso prazer de estar próximo de seu pai na fé. Quando Josué estava em batalha, Moisés intercedia de braços abertos pela vitória. E dava certo. A cumplicidade era tão grande e tão bem vista que Deus, ao falar com Moisés, não impedia que Josué estivesse presente. Ao contrário do povo, que em muitos dos encontros entre Deus e Moisés, não podia se aproximar.

e) Elias e Eliseu

Por fim, um dos casos mais emblemáticos. Trata-se dos dois principais mestres proféticos do Antigo Testamento. Elias e Eliseu foram os profetas que mexeram com o sistema vigente. Tudo que falavam se cumpria, além de terem treinado uma geração inteira de profetas. Eliseu era audacioso, queria porção dupla do espírito de seu pai na fé. Então acercou-se de Elias, servindo-lhe com um coração especial ("deitava água sobre as mãos de Elias", uma tarefa atribuída a servos [2Reis 3.11, *Almeida Revista Atualizada*]).

Quando Deus revelou que Elias seria arrebatado, Eliseu foi tentado a abandonar Elias e assumir postos, já que Elias fazia uma última viagem de despedida e também para deixar tudo organizado.

"Eu vou para Jericó", disse Elias. "Fique aqui." "Não, irei contigo aonde tu fores", respondeu Eliseu (cf. 2Reis 2.4).

Eliseu era o sucessor natural. Os demais alunos da escola de profetas já queriam conseguir seu espaço ao lado de Eliseu. Mas o profeta ficou firme na determinação de seguir Elias até o fim. Quando chegou a hora, Eliseu pediu o dobro da porção de seu pai espiritual. Elias respondeu que era algo difícil o que ele havia pedido, mas, se ele continuasse firme em segui-lo até o fim, isso aconteceria.

Um redemoinho veio buscar Elias. Eliseu continuou olhando para seu mestre,

> Quando viu isso, Eliseu, gritou: "Meu pai! Meu pai"! Tu eras como os carros de guerra e os cavaleiros de Israel!" [...]. (2Reis 2.12)

Eliseu declarava seu amor, sua vinculação, e ainda dizia que a força do povo de Israel estava no profeta! Resultado: Eliseu recebeu o manto de Elias e a porção dobrada da unção de seu pai espiritual.

Voltando ao texto inicial de 1Coríntios 4, Paulo assumiu sua paternidade, seu cuidado com o povo, convocando-os a segui-lo, a serem seus imitadores.

Para isso, ele estava enviando Timóteo:

> Por essa razão estou enviando a vocês Timóteo, meu filho amado e fiel no Senhor, o qual lhes trará à lembrança a minha maneira de viver em Cristo Jesus, de acordo com o que eu ensino por toda parte, em todas as igrejas (1Coríntios 4.17).

Timóteo, a quem Paulo se referia como "meu filho amado e fiel no Senhor" e "meu verdadeiro filho na fé", seria enviado pelo apóstolo para mostrar aos irmãos de Corinto como era a maneira de viver em Cristo Jesus de Paulo. Timóteo sabia como era esse viver. O filho aprende com o pai de acordo com que foi ensinado por toda parte.

O caminho do filho espiritual com seu pai espiritual é sempre enriquecedor no Reino de Deus. Abençoado e honrado pelo Pai celestial. Ser filho faz parte do caráter do Deus Filho. Ser filho faz parte do caráter de Cristo Jesus que fundamentalmente deve ser formado em nós.

Termino com o exemplo de um rei que soube escolher, reconhecer e seguir um pai espiritual, rejeitando ensinamentos e a vida de "outros" pais. Lembro que esse texto deve ser interpretado no contexto do estudo que estamos fazendo.

O rei Josias era filho de Amom e neto de Manassés. Manassés foi um rei deplorável, considerado o pior rei em maldade e em levar o povo de Judá a pecar. Arrependeu-se no final da vida, mas o mal já tinha sido feito. Amom, seu filho, seguiu seu caminho de maldade e de desvio dos caminhos do Senhor.

Josias tinha tudo para seguir o exemplo de seus pais naturais. Não o fez. Resolveu ser chamado filho de Davi, não filho de Amom.

> Ele fez o que o Senhor aprova e andou nos caminhos de Davi, seu predecessor, sem desviar-se nem para a direita nem para a esquerda. (2Reis 22.2)

> Nem antes nem depois de Josias houve um rei como ele, que se voltasse para o Senhor de todo o coração, de toda a alma e de todas as suas forças, de acordo com toda a Lei de Moisés. (2Reis 23.25)

Você escolhe quem o influenciará como pai!

Bom pai

DEUS É DEUS. DEUS É PAI. São as duas verdades mais enfaticamente encontradas na Bíblia. Como filhos amados, buscamos — ou pelo menos devemos buscar — ser os mais parecidos com Deus. Para tanto, devemos buscar sua natureza.

O relacionamento que Deus deseja para o homem é o relacionamento de Pai com filho. Sua natureza é patriarcal. Todos são criaturas de Deus, mas nem todos são seus filhos. Para sermos filhos, precisamos receber Jesus, a expressa imagem de Deus, em nossa vida, como Salvador e Senhor.

Ao estudar a Bíblia, vemos quanto Deus valoriza esse relacionamento. Tanto naturalmente, o que implica as obrigações e os prazeres imensuráveis que isso traz, como espiritualmente.

A igreja perdeu o sentido do que seja a paternidade espiritual, algo que existiu no Antigo Testamento, na igreja primitiva, entre os primeiros cristãos, entre os reformadores e com todos os grandes líderes evangélicos de nossa história. Algo particular que Deus tem restaurado. Relacionamentos como Moisés e Josué; Elias e Eliseu; Noemi e Rute; Natã e Davi; Davi e Salomão; Joiada e Jeoás; Paulo, Timóteo e Tito; Pedro e a primeira igreja etc. Veremos pais sendo levantados, que, por sua vez, levantarão filhos maiores e mais fortes.

Faz parte da natureza de Deus e de seu plano. Não há como fugir desse caminho.

Caminho bíblico e histórico. Um pouco de estudo comprova.

Da mesma forma que, quando não temos pais biológicos somos considerados órfãos, a igreja muitas vezes sofre de orfandade espiritual. Algo sério.

A genética e a identidade vêm com o pai. Geneticamente, quem determina o sexo do bebê é o cromossomo recebido do pai.

Pais espirituais determinam a genética espiritual de cada um de seus filhos, por isso a genealogia é algo de grande importância nas Sagradas Escrituras.

Há, no entanto, uma diferença marcante entre a paternidade espiritual e a biológica. O pai espiritual, você escolhe; o biológico, não.

Deus, muitas vezes, direciona seu pai espiritual por meio da "geração". Assim como o pai biológico, é ele que o gera no mundo espiritual; que o cria e envia. Mas permanecer com o pai escolhido por Deus para você é escolha sua!

Deus está restaurando o tempo de paternidade espiritual. O bom pai chama atenção. O bom pai fala mais "não" que "sim". O bom pai puxa a orelha de vez em quando, mas também faz carinho. Elogia. Ora. Ama. Cuida.

Deus está restaurando esse tempo precioso. Lembre-se:

> Embora possam ter dez mil tutores em Cristo, vocês não têm muitos pais, pois em Cristo Jesus eu mesmo os gerei por meio do evangelho (1Coríntios 4.15).

A pessoas em quem o Espírito Santo habita

ESTAR NA PRESENÇA DE DEUS todos os dias não impediu Adão e Eva de serem enganados pela serpente, que era a própria representação do Diabo. Tampouco o fato de Davi ser o homem "segundo o coração de Deus" o impediu de adulterar e errar algumas vezes.

Na verdade, somos todos humanos destituídos da glória de Deus, portanto pecadores. O pecado tem um efeito tão violento na vida do homem que pode gerar a morte, tanto no plano espiritual e emocional quanto no natural, bem como ainda gerar o completo desligamento de Deus.

Essa violência só foi combatida com a ação de Jesus na cruz, dispensação de sua graça.

Diante disso, nunca é ou será pouco repetir as palavras do apóstolo Paulo: "Assim, aquele que julga estar firme, cuide-se para que não caia!" (1Coríntios 10.12). Quem está de pé, tome muito cuidado para não cair. Ore, vigie, porque a "carne é fraca" e o espírito precisa estar preparado e fortalecido.

Para isso, em sua maravilhosa graça, recebemos um alento de Jesus na continuação do texto paulino:

> Não sobreveio a vocês tentação que não fosse comum aos homens. E Deus é fiel; ele não permitirá que vocês sejam tentados além do que podem suportar. Mas, quando forem tentados, ele mesmo lhes providenciará um escape, para que o possam suportar (1Coríntios 10.13).

Para entender esse texto, precisamos compreender que, quando o Espírito Santo está em nós, não nos vem tentação que não possamos suportar. Sem ele em nós, não haveria tentação à qual pudéssemos resistir. Com o Espírito de Jesus, temos a capacidade natural e espiritual de resistir às tentações.

E mais: o Espírito Santo, em sua bondade infinita, nos proporciona o escape a qualquer situação que possa levar à cobiça, à tentação e ao pecado. A pessoa em quem o Espírito Santo habita só peca ou vive em pecado se o quiser.

Vigiai

EU TROUXE ESTE PENSAMENTO A ALGUNS pastores que são meus discípulos. Espero que seja uma bênção para você!

Da mesma forma que uma receita de bolo só tem êxito se for seguida à risca, o que se poderia dizer também de uma receita médica, se você seguir a "receita" abaixo, conseguirá ser sempre um homem de Deus.

"Assim, aquele que julga estar firme, cuide-se para que não caia!" (1Coríntios 10.12.)

O apóstolo Paulo, em sua sabedoria e revelação, ensina que devemos tomar cuidado sempre. Aquele que julga ou pensa estar de pé, firme na fé e em sua posição ministerial, sempre deve se cuidar para não cair.

Paulo fez essa exortação sabendo como o Diabo age para desfavorecer o homem que serve a Deus. Nas palavras de Pedro, Satanás age como um leão, procurando uma brecha para devorar alguém. Quanto maior a sua vivência em Deus, quanto maior o seu conhecimento de Deus, e, mais ainda, quanto maior o seu posicionamento em Deus, mais ele irá atrás de você.

Aquele ditado encaixa bem: Quanto maior a altura, maior a queda. Somos troféus para ele em sua batalha pelo domínio da terra.

Portanto, é fundamental cuidar-se para não cair. Jesus disse a seus discípulos mais próximos que devem orar e vigiar para não caírem. Eis o roteiro do VIGIA:

Cuidado com o engano. Adão e Eva tinham um discipulador presente, fantástico e poderoso: Deus! Mesmo assim foram enganados. E o foram pela serpente, que age à espreita, rastejando.

O engano é assim: rasteja, dá voltas, para depois dar o bote. O engano age geralmente nos sentimentos e na mente. Cuide dos seus sentimentos e da sua mente. As maiores batalhas que travamos se dão nessa área.

O Diabo nunca tentará atacar um homem de Deus de maneira óbvia. Se ele oferecer uma mulher sensual para você ou uma mala com 2 milhões de dólares, você vai desconfiar. Por isso, age sorrateiramente, como a serpente, enganando-o. Portanto, ele precisa agir nos seus sentimentos, que são enganosos, e na sua mente.

Cuidado com a cobiça. Este é um dos Dez Mandamentos que muitas vezes respeitamos no nosso exterior, mas não interiormente. A cobiça tem a ver com algo que desejamos. Pode ter a ver "com a mulher do próximo", mas também com o dinheiro, com um bem material e até mesmo com algo que Deus não tem para você! Não cobice o que Deus não tem para você!

> Se não for o SENHOR o construtor da casa, será inútil trabalhar na construção. Se não é o SENHOR que vigia a cidade, será inútil a sentinela montar guarda. (Salmos 127.1)

Será inútil acordar de madrugada! Inútil trabalhar por algo que ele não tem para você. Inútil!

O que é inútil só serve para frustrar; e a frustração enraizada, leva ao pecado!

Em hipótese alguma, brinque com a santidade. Entenda: o nível de santidade que Deus exige de um homem de Deus é maior que de outros. No que diz respeito ao homem de Deus, envolve três níveis. Não brinque com eles. Essa "brincadeira" pode e levar à destruição:

Nível 1 — *Não pecar!* O pecado bate à porta, e seu desejo é contra você. Domine o desejo de pecar. Não peque! Mas, se pecar, confesse e corrija rápido! Arrependa-se e continue de onde parou.

Quem não confessa a tentação, será obrigado a confessar o pecado. Quem não confessa a fraqueza, será obrigado a confessar o fracasso!

Nível 2 — *O que não convém, não convém!* Há muitas coisas que "nos são lícitas", mas não "nos convêm". Pode até não ser pecado, mas não me convém! Não é errado, mas eu, para manter-me puro e em santidade, não devo fazer! O cristão "normal" pode. Eu, como líder, não posso.

Nível 3 — *Aparência do mal.* Para o líder, encaixa perfeitamente o antigo ditado romano: "Para ser mulher de César, não basta apenas ser honesta; ela tem que parecer honesta". Eu devo fugir do que tem aparência do mal. Sair de perto, desprezar!

Não devo ser mais educado ou dedicar tempo exagerado a outra pessoa do sexo oposto. Não devo usar roupas que exponham parte do meu corpo ou que possam levar alguém a me questionar. Paulo diz que, se alguém se escandaliza pelo fato de o líder "comer carne", devemos parar! Se o que você faz escandaliza alguém, isso é aparência do mal!

Seja uma pessoa devota a Deus. Tenha uma vida dedicada e devota a ele. Devoção tem ritos, que também são importantes. Tradição também é importante. Que ritos são esses?

- Leitura da Bíblia, diária e constante. Se ficar sem comer, o ser humano fica com fome. Se você não estiver alimentando a sua alma com a Palavra de Deus, a sua alma vai buscar saciar "a fome" com outros alimentos. A Bíblia é a lâmpada para os nossos pés e luz para o nosso caminho. Não há como discernir os caminhos a seguir em Deus se não dedico tempo para estudar sua Palavra.

Por experiência, sei que uma pessoa que não lê a Bíblia, diária e constantemente, torna-se presa fácil para o pecado e para o Diabo.

- Oração. Ore continuamente, já ensinou Paulo. A oração é o nosso canal direto com Deus e a maior prova da nossa devoção a ele. É preciso ter disciplina diária para orar, mas também é necessário construir uma vida de oração. Cronometre bem o seu tempo, mas faça tudo ser um motivo de oração.
- Dedicação à igreja. Dedique-se à igreja, ao corpo de Cristo, sua noiva. Sirva à igreja, sirva-a sempre e constantemente.

O ministério é fonte. Tenha um ministério, ou melhor, identifique qual é o seu ministério, qual é "a esperança do seu chamamento" em conformidade com a Bíblia, e exerça-o! Não enterre o seu talento! Não abandone o arado!

Resolva os seus problemas. Problemas têm vida própria. Todos os problemas têm o dia de nascer, o tempo em que vivem e um dia para morrer. Quando você os alimenta, eles crescem. Se você os alimenta muito bem, eles vivem mais tempo e demoram a morrer. Então resolva-os, antes que eles o dominem. Destrua-os, antes que eles destruam você.

Problemas emocionais são muito mais difíceis de resolver do que os problemas naturais, por causa do seu enraizamento. Eles estão enraizados em nosso coração e, quanto mais profundos, mais difíceis.

Da mesma forma que se faz com a erva daninha, não adianta cortar apenas o caule ou o mato visível; é preciso eliminar a raiz. Procure urgentemente resolver os seus problemas atuais. Peça ajuda, caso necessário. E, quando outros surgirem, *e surgirão*, não permita que eles tenham vida longa.

Proximidade com o líder. A Bíblia é clara em diversos textos e histórias de homens, sobretudo de reis. Enquanto grandes líderes estiveram rodeados de profetas e sacerdotes, ouvindo-os, aprendendo com eles, obedecendo a suas exortações e respeitando seus direcionamentos em Deus, sua vida e seu reinado perduraram.

Joás, Uzias, Asa e Salomão são exemplos. Bons reis enquanto viviam sob suas respectivas coberturas espirituais. Quando se afastaram de Deus, seu reinado naufragou.

Proximidade é proteção! Proximidade é bênção!

Que epístola admirável é 2Coríntios,
tão cheia de afetos.
— George Hebert

2Coríntios

Tito e Paulo

PAULO, AO CHEGAR À MACEDÔNIA, segundo relatado em 2Coríntios 7, encontrou um ambiente hostil para a propagação do evangelho. Disse que não houve nenhum alívio ou descanso; pelo contrário, "atribulados de toda forma".

No mesmo versículo, o destemido e eloquente apóstolo traz uma mescla de sentimentos que resumem bem o momento. Paulo tinha "conflitos externos, temores internos". Lutas por fora e temores por dentro. Umas geram os outros. Os temores internos têm o poder de potencializar os conflitos externos. Um ciclo vicioso que, quando nos enreda, é difícil de nos desprendermos.

Ansiedade, tristeza, depressão... Um abismo chamando o outro. O que aliviou Paulo de seus conflitos externos e temores internos? A chegada de uma pessoa: "Deus, porém, que consola os abatidos, consolou-nos com a chegada de Tito" (v. 6), que trazia notícias da igreja em Corinto e, sobretudo, do impacto que a primeira carta havia tido nos crentes daquela cidade.

Tito era um grego que se aproximou de Paulo. Era tão apaixonado pelo evangelho, que Paulo o escolheu para que o acompanhasse em sua primeira viagem. De lá, Paulo o enviou para pastorear a igreja de Corinto.

As viagens de Paulo duraram mais de uma década. Nesse período, o relacionamento dos dois passou de mentorial para o de filiação espiritual. O compromisso de Tito com Paulo era tanto que, em sua defesa teológica diante dos demais apóstolos, Paulo quis Tito com ele.

Paulo chamava Tito de filho na fé.

Como é bom receber palavras de ânimo quando passamos por momentos de lutas! Como é bom receber a visita e o afago de pessoas que realmente se importam conosco! Como é bom ter amigos que têm o que dizer, ou que simplesmente estejam ao nosso lado, quando passamos por momentos difíceis!

"Um olhar animador dá alegria ao coração, e as boas notícias revigoram os ossos" (Provérbios 15.30); "O amigo ama em todos os momentos; é um irmão na adversidade" (Provérbios 17.17). Paulo disse que a ida de Tito era um consolo de Deus. Que sejamos esse amigo para quem precisa. Que Deus nos use para consolar o amigo que precisa.

Sejamos amigos segundo o coração de Deus!

A nossa mente

> Pois, embora vivamos como homens, não lutamos segundo os padrões humanos. As armas com as quais lutamos não são humanas; ao contrário, são poderosas em Deus para destruir fortalezas. Destruímos argumentos e toda pretensão que se levanta contra o conhecimento de Deus e levamos cativo todo pensamento, para torná-lo obediente a Cristo. (2Coríntios 10.3-5)

FAZ PARTE DA VIDA ENFRENTARMOS batalhas. Alguns enfrentam batalhas constantes, outros estão na mesma guerra há certo tempo. É preciso aprender como lutar essas batalhas para ser vencedor. A vitória final já foi conquistada por Cristo Jesus. Ela só precisa ser apropriada por nós, seus servos.

Devemos usar as armas "não humanas". As armas sobrenaturais, espirituais. As que de fato são poderosas em Deus: oração, obediência, declaração profética, coragem, ousadia em Deus e, principalmente, a fé, a certeza do que se espera, mesmo que tudo diga não, e a convicção de fatos que não se veem. Certeza e convicção.

Essas armas nos levam a destruir fortalezas, anular sofismas, e destruir "argumentos e toda pretensão que se levanta contra o conhecimento de Deus"; ou seja, vencer o engano e toda a sua argumentação.

Mas me chama muito a atenção o conselho de Paulo registrado no versículo 5: Leve sua mente cativa à autoridade de Cristo Jesus. Deixe Jesus dominar sua mente, seus pensamentos, suas vontades e sua imaginação. Deixe-o dominar o repertório que há dentro de sua mente.

A mente pode ser nossa principal aliada em uma batalha, como também nosso principal problema e maior adversário. Dominá-la deve ser o seu principal esforço. Levá-la cativa à autoridade de Cristo Jesus é a sua principal missão.

Preste atenção! A vida já é cheia de batalhas e guerras; cheia de inimigos que querem atrapalhar suas vitórias. Não seja você mesmo um desses inimigos. Não ponha você mesmo como obstáculo para a sua vitória. Já existem muitos inimigos espirituais e naturais para fazer isso.

Aperfeiçoados

"POR ISSO, POR AMOR DE Cristo, regozijo-me nas fraquezas, nos insultos, nas necessidades, nas perseguições, nas angústias. Pois, quando sou fraco, é que sou forte." (2Coríntios 12.10.) Esse texto é emblemático. Paulo afirma que, quando ele era fraco, aí é que era forte. Como assim? Quer fraco quer enfraquecido, Paulo, apesar de ser um homem com tanto conhecimento do sobrenatural e força espiritual capaz de "mover os céus", diz que em sua fraqueza ele se tornava forte.

A resposta desse enigma, encontramos no versículo anterior:

> Mas ele me disse: "Minha graça é suficiente a você, pois o meu poder se aperfeiçoa na fraqueza". Portanto, eu me gloriarei ainda mais alegremente em minhas fraquezas, para que o poder de Cristo repouse em mim (2Coríntios 12.9).

Em nossa fraqueza, tornamo-nos dependentes de Deus. Quando pensamos ser fortes, confiamos em nossas mãos, na nossa pseudocapacidade. Quando fracos, voltamo-nos para Deus e dependemos dele para tudo. E a verdadeira força está nele, por ele e para ele. Sua graça (manifestação da salvação) nos basta. Não há outra necessidade humana além da graça.

Por meio da graça, o poder de Deus se aperfeiçoa na fraqueza. Só o poder de Deus em nós representa a verdadeira força! Portanto, quando você estiver triste, desanimado e enfraquecido na alma, no corpo e no espírito, corra para a graça. Busque o aperfeiçoamento da fraqueza. O poder de Deus é liberado e aperfeiçoado na sua vida nesses momentos quando você se volta para ele em total dependência.

Portanto, quando somos fracos, em Deus, aí é que somos aperfeiçoados no poder de Deus. Aí é que somos fortes!

Espinho na carne

TODOS NÓS TEMOS FRAQUEZAS. Somos fracos em determinada área da nossa vida. Mais sujeitos a certo tipo de pecado ou a sentimentos. Todo ser humano tem algum calcanhar de Aquiles, ou seja, um lugar no corpo, ou na alma, ou no espírito, que é o ponto fraco, o que não é necessariamente ruim. Será ruim ou caminho de destruição, se assim você quiser. Será uma bênção, se escolher agir certo.

Paulo entendia bem isso. Em 2Coríntios12, ele fala sobre o famoso "espinho na carne". Não se sabe ao certo a que o apóstolo se referia. A tese mais aceita era que se tratasse de uma enfermidade. Provavelmente alguma que lhe estava roubando a visão: "um mensageiro de Satanás, para me atormentar" disse ele (2Coríntios 12.7).

Paulo não compreendia o porquê daquilo. Como apóstolo que ministrava a cura até com partes de sua vestimenta ou com simples palavras, estava sucumbido àquela doença, e questionava a Deus e clamava por cura (v. 8).

"Mas ele me disse: 'Minha graça é suficiente a você, pois o meu poder se aperfeiçoa na fraqueza' ". (v. 9a).

Qual é a sua fraqueza? Mulher alheia? Homem alheio? Pornografia? Dinheiro? Mentiras? Corrupção? Uma doença? Insubmissão? A lista é grande, visto que o ser humano quando se afastou de Deus, e quanto mais se afasta, mais sujeito se torna à "concupiscência da carne". A sua fraqueza pode ser a sua destruição, como também pode ser seu aperfeiçoamento. Depende da escolha que você está disposto a fazer.

Em 1Coríntios 10, Paulo diz:

> Não sobreveio a vocês tentação que não fosse comum aos homens. E Deus é fiel; ele não permitirá que vocês sejam tentados além do que podem suportar. Mas, quando forem tentados, ele mesmo providenciará um escape, para que o possam suportar (1Coríntios 10.13).

As tentações que sofremos são humanas, frutos da nossa concupiscência, desejo pecaminoso da nossa carne. Tiago retrata bem isso: "Cada um, porém, é tentado pelo próprio mau desejo, sendo por este arrastado e seduzido".

E continua dizendo o resultado: "Então esse desejo, tendo concebido, dá à luz o pecado, e o pecado, após ser consumado, gera a morte" (Tiago 1.14,15).

Escolhas. Sempre escolhas. Ao escolhermos atender à nossa fraqueza, geramos o desejo e o pecado. O pecado é a morte em vida. Mas podemos escolher outro caminho diante das fraquezas. Veja o que também diz Tiago:

> Meus irmãos, considerem motivo de grande alegria o fato de passarem por diversas provações, pois vocês sabem que a prova da sua fé produz perseverança. E a perseverança deve ter ação completa, a fim de que vocês sejam maduros e íntegros, sem que falte a vocês coisa alguma (Tiago 1.2-4).

Sim, não nos sobrevém tentação que não possamos suportar, e essas tentações geram perseverança em Deus. Deus é fiel, e ele nos proporcionará um escape. Ao escolhermos escapar, o caminho da graça se estabelece:

> [...] Portanto, eu me gloriarei ainda mais alegremente em minhas fraquezas, para que o poder de Cristo repouse em mim (2Coríntios 12.9).

Quando a escolha é tratar, desprezar e buscar o escape diante da fraqueza, o poder de Cristo repousa em nós:

> Por isso, por amor de Cristo, regozijo-me nas fraquezas, nos insultos, nas necessidades, nas perseguições, nas angústias. Pois, quando sou fraco, é que sou forte (2Coríntios 12.10).

Quando sou fraco, em Cristo, somente em Cristo, me torno forte! Tudo depende das nossas escolhas! Incrível!

Não há escolha ou caminho que traga bênçãos longe da vontade de Deus. A misericórdia dele é infinita. Sua paciência, por maior que seja, é finita. Tem limite!

Escolha ser fortalecido na fraqueza, não morto por ela. É tempo de se arrepender! Concluo esse raciocínio com o texto de 2Coríntios 13.4,5, no qual Paulo ensina:

> Pois, na verdade, foi crucificado em fraqueza, mas vive pelo poder de Deus. Da mesma forma, somos fracos nele, mas, pelo poder de Deus, viveremos com ele para servir vocês. Examinem-se para ver se vocês estão na fé; provem a vocês mesmos. Não percebem que Cristo Jesus está em vocês? A não ser que tenham sido reprovados!

Com muita razão, a carta de Paulo aos Gálatas
tem sido chamada a declaração da independência cristã.
— Enéas Tognini

Gálatas

Viva pelo Espírito

"Por isso digo: Vivam pelo Espírito, e de modo nenhum satisfarão os desejos da carne." (Gálatas 5.16.)

Em sua carta aos Gálatas, o apóstolo Paulo fala sobre a salvação ser exclusivamente pela fé em Cristo Jesus. Sua graça redentora e transformadora redime do pecado e da culpa o homem "desligado", reconectando-o com Deus.

Mas, como em todos os textos paulinos, o apóstolo explicou o caminho. Não menciona apenas o tema em si, como também o que fazer diante dele. É o caso do texto anteriormente citado.

"[...] Vivam pelo Espírito, e de modo nenhum satisfarão os desejos da carne." Em Gálatas 5, Paulo fala sobre o fruto do Espírito e sobre as obras da carne, como eles são diferentes e como militam entre si.

O caminho de vencer as obras da carne é andar no Espírito.

Vida com Deus, oração e vigilância — três atitudes que o livram do pecado, que o afastam do caminho pecaminoso da carne, que o capacitam a dominar o desejo, quando o pecado bater à sua porta.

> Pois a carne deseja o que é contrário ao Espírito; o Espírito, o que é contrário à carne. Eles estão em conflito um com o outro, de modo que vocês não fazem o que desejam. (v. 17)

Por isso, tenho condições de afirmar: a vontade de pecar tem tudo a ver com a falta de vida com Deus. A intensidade dessa vontade sobre a sua carne tem a ver com a falta de intensidade de proximidade com Deus na sua vida, corpo e alma.

O Diabo anda ao derredor esperando alguém para tragar. Se o fruto do Espírito Santo na minha vida estiver ativo, ele se afasta. Quanto mais próximo de Deus eu vivo, mais crucificado com Cristo eu sou. Ou seja, o que ele conquistou na cruz, e em sua obra redentora, está ao meu alcance.

Da mesma forma que a atitude de Jesus na cruz foi uma entrega de seu eu humano, "Os que pertencem a Cristo Jesus crucificaram a carne, com as suas paixões e os seus desejos" (v. 24).

A vida com Deus é fascinante, recompensadora e significante. Sem ele, é tragédia e gera tragédia à nossa volta. O não andar com Deus não atrapalha apenas a sua vida, como também afeta todos os que estão à sua volta. Toda a sua família.

"Se vivemos pelo Espírito, andemos também pelo Espírito." (Gálatas 5.25.)

Família da fé

PAULO, EM GÁLATAS 6.7,8 DIZ:

> Não se deixem enganar: de Deus não se zomba. Pois o que o homem semear isso também colherá. Quem semeia para a sua carne, da carne colherá destruição; mas quem semeia para o Espírito, do Espírito colherá a vida eterna.

Ao analisarmos o contexto, percebemos que o apóstolo Paulo o encaixou em uma conjuntura específica. Veja o versículo anterior: "O que está sendo instruído na palavra partilhe todas as coisas boas com aquele que o instrui".

Partilhe, participe, contribua. Abençoe quem o está instruindo! De Deus não se zomba. Não há como ser exteriormente "contributivo" e interiormente questionador, prepotente, desmiolado. Deus sonda a mente e o coração de todos. Nos versículos 9 e 10, o apóstolo Paulo conclui:

> E não nos cansemos de fazer o bem, pois no tempo próprio colheremos, se não desanimarmos. Portanto, enquanto temos oportunidade, façamos o bem a todos, especialmente aos da família da fé.

Somos chamados "família da fé". Não cansemos de fazer o bem (o que inclui pensar o bem, desejar o bem, submeter-se ao bem etc.), em uma verdadeira unidade familiar. Toda família tem desavenças, pensamentos diferentes e até brigas, mas nunca deixa de ser família por causa dos laço de sangue.

Mesmo quando há repulsa ou rejeição, o laço sanguíneo permanece; não existe a possibilidade de se trocar de família por uma desavença; o laço sanguíneo é mais forte.

Somos unidos em uma família da fé por meio do sangue de Jesus, o sangue supremo! De Deus, ninguém zomba. O que plantarmos cuidando, submetendo, abençoando-nos, receberemos como colheita. Plantemos, portanto, a unidade, como uma família da fé.

A epístola aos Efésios é a expressão mais sublime
e mais majestosa do evangelho.

— Martyn Loyd-Jones

Efésios

Nivelados pela graça

MAIS UMA SOBRE A GRAÇA.

Não há nenhuma passagem na Bíblia que fale que somos todos iguais diante de Deus. Há passagens que afirmam que Deus não faz acepção de pessoas. Outras que estabelecem hierarquias. Outras, ainda, que, apesar do mesmo corpo e mesmo Espírito, nos diferenciamos por chamado, ministério e dons que Deus nos concede.

Ainda há diferenciação entre quem serve a Deus e quem não serve. Entre bênçãos e abençoados e maldição e amaldiçoados. Como também não há nenhuma passagem bíblica que diz que não existe diferença entre pecados. Ao contrário, há sim. Pecados para morte, pecados sem perdão, erros, tudo que não convém e aparência do mal.

Todavia, nenhuma nos põe em pé de igualdade. Isso não quer dizer que não somos iguais diante de Deus, porque a graça nos nivela. O fator nivelamento humano é a graça. Todos precisam dela! Santos e profanos; pecadores e consagrados; pastores e desviados. Todos somos nivelados pela graça. A graça de Deus nos nivela, e que gracioso nivelamento!

Basta querer e aceitar.

Revelação

O CONHECIMENTO DE PAULO EXCEDIA em muito o de seus companheiros cristãos, seguidores do Caminho, bem como o dos estudiosos e filósofos da época. Ele conhecia história, filosofia, as leis da época, além de ser um grande jurista, membro do Sinédrio, e também um grande conhecedor da religião judaica, dada a sua formação aos pés de Gamaliel.

Até que literalmente caiu do cavalo. Mas a queda não eliminou seu conhecimento; pelo contrário. Paulo passou para outro nível filosófico, metafísico ou teológico. Começou a vivenciar em sua totalidade a revelação vinda de Deus. Efésios e Romanos são as cartas que mais expressam o conjunto da revelação segundo Paulo. Em Efésios 1.17-19, ele faz uma oração textual:

> Peço que o Deus de nosso Senhor Jesus Cristo, o glorioso Pai, dê a vocês espírito de sabedoria e de revelação, no pleno conhecimento dele. Oro também para que os olhos do coração de vocês sejam iluminados, a fim de que vocês conheçam a esperança para a qual ele os chamou, as riquezas da gloriosa herança dele nos santos e a incomparável grandeza do seu poder para conosco, os que cremos, conforme a atuação da sua poderosa força.

Seu clamor era que seus discípulos e filhos na fé tivessem o espírito de sabedoria (conhecer o natural) e o espírito de revelação (conhecer o mundo espiritual), pois a soma dos dois conhecimentos, aliada ao conhecimento de Deus, os conduziria à iluminação dos olhos do coração.

Assim, o Caminho teria sentido. O Caminho só tem sentido repleto e completo para quem tem revelação. Quem tem a revelação de Deus abre mão de conquistas, dinheiro, reputação, entes queridos, e do que seja necessário.

Quem não tem revelação, padece. E padece porque abre mão de entender, compreender e tomar posse de que "conheçam a esperança para a qual ele os chamou, as riquezas da gloriosa herança dele nos santos e a incomparável grandeza do seu poder para conosco, os que cremos". Ou o que em outras traduções chama de "esperança do seu chamamento".

A busca da revelação não é fácil. A busca da sabedoria também não é. Uma não existe sem a outra. Ambas se completam. Ambas completam a vida de um crente. O que fazer quando não temos a revelação ou a sabedoria necessária? O que fazer quando não temos as duas?

Continuar caminhando com fé, buscando a revelação e aprendendo. Não há mágica. Não há atalhos.

Apenas prosseguir caminhando, aprendendo e buscando.

Frustrado

PAULO, EM EFÉSIOS, DÁ O que os historiadores e teólogos denominam de "exortação à santidade". Uma dessas exortações chama a minha atenção e deve intrigar muitos cristãos que buscam ter o título de "verdadeiros".

Se esse versículo nunca o intrigou, tem algo errado com você! O seu relacionamento com Deus talvez não tenha alcançado o mínimo desejado, creio.

O texto está em Efésios 4.30: "Não entristeçam o Espírito Santo de Deus, com o qual vocês foram selados para o dia da redenção".

O que posso fazer que entristeça o Espírito de Deus? A lista é de fato extensa. No capítulo 4, encontramos uma boa lista. Mas vou me concentrar no ponto seguinte expresso por Paulo: "Livrem-se de toda amargura [...]" (v. 31). A palavra "amargura" vem do grego *pikria*, que significa acerbidade, ira, aspereza, descontentamento e irascibilidade.

Por definição psíquica, a amargura é o resultado da frustração não resolvida, causada por ira ou inveja. O grande problema do homem é a frustração. Pessoas frustradas enchem o coração de inveja, ciúmes e ira. E a inveja, a ira e o ciúme desproporcionais entristecem o Espírito Santo.

Como identificar alguém frustrado?

- Nunca está contente, nem se contenta.
- Sempre vê um defeito, ou melhor, põe defeito em tudo.
- Critica muito tudo e todos.
- "Descobre" o líder na tentativa de expressar seus defeitos e assim se nivelar a ele.

- Tenta chamar atenção para os "seus próprios problemas".
- Sente-se um injustiçado.

E principalmente:

- Não vai para o abatedouro sozinho. Tenta contaminar os outros com seus sentimentos mal resolvidos. Beira o espírito de Absalão.

Se o Espírito Santo habita de fato em seu interior, ele quer e precisa controlar você por completo, e isso tem a ver com as suas emoções.

Na verdade, o grande responsável pelas suas próprias frustrações é você mesmo. O que frustra uma pessoa é ela querer ser ou ter algo que Deus não quer ou não tem para ela. É a mais completa falta de revelação, do mínimo que é necessário ter de revelação em Deus.

Não é por menos que logo em seguida Paulo sacramenta: "Portanto, sejam imitadores de Deus, como filhos amados" (Efésios 5.1).

Deixe-me explicar o princípio do "espírito de Absalão". Absalão era filho de Davi, que, ao se rebelar contra o pai e rei, tentava "roubar o coração" dos súditos do pai; e fazia tudo isso pelas costas, na calada, arquitetando um plano covarde para roubar a posição do pai.

Batalhas

> Vistam toda a armadura de Deus, para poderem ficar firmes contra as ciladas do Diabo, pois a nossa luta não é contra seres humanos, mas contra os poderes e autoridades, contra os dominadores deste mundo de trevas, contra as forças espirituais do mal nas regiões celestiais. (Efésios 6.11,12)

DEVEMOS CONHECER O NOSSO INIMIGO o mínimo necessário para enfrentá-lo. É preciso ter consciência de que a nossa luta não é contra pessoas, mas contra as forças malignas. Essa luta trata de batalhar contra os dominadores: seres malignos, demônios, que se apropriam de homens e mulheres com o propósito de dominá-los.

A forma mais conhecida é a possessão. Mas não só por meio da possessão, ou seja, de uma pessoa estar endemoninhada. Para alcançar seus objetivos, que é a confissão, e a destruição de alguém, esses demônios podem tentar dominar uma área específica da sua vida.

Estrategicamente, o Diabo e seus anjos têm buscado enganar os sentimentos de muitos cristãos, geralmente gerando confusão, sentimento de independência e sentimento de autocomiseração.

Três são os sinais que os dominadores estão gerando na sua alma: confusão, independência e autocomiseração.

Para enfrentar e vencer o inimigo, aqui está o segredo, no mesmo texto referido:

> Por isso, vistam toda a armadura de Deus, para que possam resistir no dia mau e permanecer inabaláveis, depois de terem feito tudo (6.13).

> Finalmente, fortaleçam-se no Senhor e no seu forte poder. (6.10).

Armadura de Deus e ser fortalecido em Deus. A soma de atitudes naturais e espirituais— *cobertura e ação.*

Vejamos: vestir a armadura com o cinto da verdade, a couraça da justiça, os pés calçados com o evangelho da paz, o escudo da fé, "com o qual vocês poderão apagar todas as setas inflamadas do Maligno"; o capacete da salvação e a espada do Espírito, "que é a palavra de Deus"; e muita oração. Tudo isso são atitudes naturais que movem o sobrenatural. Escolhas que você faz e continua com disciplina.

Fortalecer-se no Senhor é estar consumindo sua fonte sobrenatural de poder, estar perto dele e estar onde ele quer que você esteja. Não adianta nada dizer que você o busca e não fazer a vontade dele. Em João 14, Jesus é claro.

Vença o Diabo!

Filipenses foi escrita na prisão,
mas seu tema é a alegria.
—John MacArthur

Filipenses

Padrão de relacionamentos

PAULO TEM FRASES FORTES a ponto de mexer com estruturas humanas e espirituais. Em sua carta aos irmãos da igreja em Filipos, ele diz:

> Irmãos, sigam unidos o meu exemplo e observem os que vivem de acordo com o padrão que apresentamos a vocês (Filipenses 3.17).

O apóstolo exorta suas ovelhas a que sigam seu exemplo como cristão. Ele sabia quem era em Deus; portanto, tinha autoridade e liberdade para dizer aos outros que o imitassem.

Mas aqui vai além. Observe: "[...] os que vivem de acordo com o padrão que apresentamos". Há um padrão para estabelecer um relacionamento. Só devo construir relacionamentos com aqueles que vivem esse padrão.

Paulo vai além de não misturar trevas e luz. Há um padrão, um alto padrão, para os meus relacionamentos: o padrão que Paulo apresentou para a igreja. Veja a continuação:

> Pois, como já disse repetidas vezes, e agora repito com lágrimas, há muitos que vivem como inimigos da cruz de Cristo. O destino deles é a perdição, o seu deus é o estômago e eles têm orgulho do que é vergonhoso; só pensam nas coisas terrenas (Filipenses 3.18,19).

Além do padrão de relacionamentos, há aqueles dos quais devemos nos distanciar, pois eles se apresentam como inimigos da cruz de Cristo. Não se trata dos inimigos de Cristo, mas, sim, inimigos da cruz e do que ela representa: sacrifício e abnegação por um propósito maior.

Devo me afastar daqueles que são inimigos de uma vida de sacrifício e abnegação por Cristo Jesus. Talvez por isso mesmo é que Paulo diz que eu devo me afastar daquele que "se diz" cristão, mas não o é realmente. Não devo me associar ou sentar à mesa com eles. Quem são eles? "[...] o seu deus é o estômago e eles têm orgulho do que é vergonhoso; só pensam nas coisas terrenas." São pessoas materialistas, só pensam e agem em prol de "seu estômago", são orgulhosos daquilo que é vergonhoso e, por isso, zombam. Zombam e são maledicentes a respeito do sacrifício de uma vida com Cristo.

Por fim, entre os inimigos da cruz dos quais preciso me afastar, estão aqueles que desprezam o que é eterno e "só pensam nas coisas terrenas".

No versículo seguinte, Paulo diz que nossa pátria é o céu; portanto, o que é terreno para nós ocupa o segundo lugar.

O problema de conviver com inimigos da cruz é que geralmente não os reconhecemos assim. Parecem bons em certos momentos da nossa vida, mas possuem um potencial tremendo e altamente contagioso de nos fazer pensar e agir como eles.

Praticamente todas as principais doutrinas
no catálogo da fé são representadas
nessas duas pequenas epístolas.
– Merrill C. Genney,
em referência às cartas de 1 e 2Tessalonicenses.

1 e 2Tessalonicenses

Trate sem perder

O MINISTÉRIO DE PAULO QUE conhecemos é expresso em sua cobertura apostólica de igrejas, suas pregações itinerantes e viagens missionárias, mas, sobretudo, por seus escritos, que são as principais fontes de doutrina para a Igreja neotestamentária.

Na segunda carta aos Tessalonicenses, Paulo fala muito sobre o fim dos tempos, sobre a manifestação do iníquo e sobre posições que o cristão deve tomar nesses dias difíceis.

Paulo sabia muito bem como eram os ímpios de Tessalônica. Certa vez, pregando, parte dos judeus da cidade o perseguiu de uma forma tão violenta que o levou a fugir para Bereia.

Pois bem, em sua segunda carta, ele termina ordenando:

> Quanto a vocês, irmãos, nunca se cansem de fazer o bem. Se alguém desobedecer ao que dizemos nesta carta, marquem-no e não se associem com ele, para que se sinta envergonhado; contudo, não o considerem como inimigo, mas chamem a atenção dele como irmão (2Tessalonicenses 3.13-15).

Toda doença espiritual é contagiosa. Repito, toda doença espiritual é contagiosa. Paulo orientou aos irmãos de Tessalônica que se afastassem dos desobedientes dentro da igreja — "não se associem"—, ele sabia do perigo de contágio e de epidemia.

Contudo, orienta também que "marcar" não é expulsar nem desprezar. Paulo diz que devemos, com o gesto de afastamento, deixar que a vergonha tome conta dele. Perceba que Paulo queria salvar o doente, tratá-lo, não o perder.

A vergonha pode produzir arrependimento. Por isso, Paulo diz: "contudo, não o considerem como inimigo, mas chamem a atenção dele como irmão" (3.15). Chamem a atenção!

- O que você falou está errado.
- O que você está fazendo não está certo.
- Cuidado com o seu sentimento, com o que pensa.

Tais frases significam irmandade, amor, não inimizade, quando ditas com sabedoria.

Se o doente de espírito ou alma não se envergonha nem se arrepende, se ele considera algo hostil ou inimizade tal chamada de atenção, Deus, que tudo sabe e julga, saberá o que fazer. Nós, simples mortais, devemos apenas fazer o que nos corresponde.

> O próprio Senhor da paz dê a vocês a paz em todo o tempo e de todas as formas. O Senhor seja com todos vocês. (2Tessalonicenses 3.16)

Paulo está encorajando Timóteo, como um
treinador desafia um time desanimado para
que se esforce com toda a força até o final do jogo.
– Elmer L. Towns

2Timóteo

Desconforto

> Desse evangelho fui constituído pregador, apóstolo e mestre. Por essa causa também sofro, mas não me envergonho, porque sei em quem tenho crido e estou bem certo de que ele é poderoso para guardar o que lhe confiei até aquele dia. (2Timóteo 1.11,12)

O EVANGELHO CAUSAVA DOR NO apóstolo Paulo. Ele sofria por essa causa. Longe de algo confortável, ele sabia que o verdadeiro evangelho, o Reino, o projeto eterno, era e é algo que causa desconforto.

Mas mesmo diante daquilo que lhe causava sofrimento, Paulo faz uma afirmação: "[...] não me envergonho, porque sei em quem tenho crido [...]".

Não havia motivo de embaraço. Desconforto sim, mas sem retrocesso; só avanço. Sem se envergonhar ou se arrepender, ou qualquer sentimento semelhante.

Porque Paulo sabia em *quem ele cria!*

Nada mais importa quando sabemos em quem cremos. Quando o conhecemos. Este é o verdadeiro sentido: buscar conhecê-lo é a verdadeira busca. Nada mais importa ou interessa na vida. Saber quem ele é, como, nas palavras de Paulo, ter por "certo de que ele é poderoso para guardar o que lhe confiei até aquele dia".

Em outra tradução, o sentido é mais explícito: "[...] porque sei em quem tenho crido e estou certo de que ele é poderoso para guardar o meu depósito até aquele Dia " (2Timóteo 1.12, *Almeida Revista e Corrigida*).

Guardar o meu depósito. Depósito é tudo o que aprendo, recebo e vivo diante de Deus até o grande Dia!

Quando eu conheço quem ele é, o que ele pode fazer por mim se torna secundário. Temos que buscá-lo! Tenho isso como alvo!

A busca intensa de Deus me leva a conhecê-lo mais; e, à medida que eu o conheço mais, o amo mais, e o que ele pode fazer se torna secundário!

A epístola a Tito é uma advertência – uma lembrança forte e urgente de que a fé deve ser acompanhada de boas obras.

– J. Sidlow Baxter

Tito

Para a grandeza existe um caminho

O APÓSTOLO PAULO TINHA INÚMEROS filhos na fé, mas dois tiveram o privilégio de receber orientações dele via cartas, que hoje são expostas ao mundo: Timóteo e Tito. Para Tito, no capítulo 1, ele escreveu: "e apegue-se firmemente à mensagem fiel, da maneira pela qual foi ensinada, para que seja capaz de encorajar outros pela sã doutrina e de refutar os que se opõem a ela" (v. 9).

O apóstolo orienta seu filho a se apegar "firmemente à mensagem". Não qualquer mensagem, ou de qualquer forma, mas, sim, "da maneira pela qual foi ensinada".

Todos queremos ser grandes. Não está errado. O necessário é entender que para a grandeza existe um caminho estabelecido por Deus. E Deus tem caminhos, não atalhos. Devemos agir como aprendemos. Aperfeiçoados pelo Espírito Santo, não por nós mesmos. A mensagem nos é passada por alguém e aperfeiçoada pelo Espírito Santo.

Cuidado, muito cuidado, em não atribuir ao Espírito Santo algo que não vem dele. Seja fiel à mensagem que foi transmitida a você. A visão que você recebeu. É importantíssimo lembrar-se sempre de "refutar os que se opõem a ela".

> Pois há muitos insubordinados, que não passam de faladores e enganadores [...]. É necessário que eles sejam silenciados, pois estão arruinando famílias inteiras, ensinando coisas que não devem, e tudo por ganância. (v. 10,11)

Tudo porque tiveram a ganância de querer estar no lugar daquele que foi o canal da mensagem.

Seu ponto de partida é a dignidade de Cristo.
— João Calvino,
em referência à carta aos Hebreus

Hebreus

Obstinação

> Deus não é injusto; ele não se esquecerá do trabalho de vocês e do amor que demonstraram por ele, pois ajudaram os santos e continuam a ajudá-los. (Hebreus 6.10)

TEXTO FANTÁSTICO QUE REFLETE COMO é bom servir a Deus com obras claras, pois seremos devidamente recompensados; reparem, no entanto, na continuação, ou seja, nos versículos 11 e 12 do mesmo capítulo:

> Queremos que cada um de vocês mostre essa mesma prontidão até o fim, para que tenham a plena certeza da esperança, de modo que vocês não se tornem negligentes, mas imitem aqueles que, por meio da fé e da paciência, recebam a herança prometida.

O autor de Hebreus ensina que devemos continuar mostrando o mesmo cuidado e prontidão até o fim para não sermos negligentes. Nada nos impede mais do que a ideia de que já foi o suficiente. Não adianta você esperar ser valorizado pelo passado plantado se não continua semeando uma boa semente no presente. O fruto eterno é a salvação. Somente ela! E foi semeada em Cristo.

No mais, devemos continuar semeando para continuar colhendo imitando, assim, aqueles que pela fé e paciência herdaram as promessas.

Âncora

O APÓSTOLO QUE ESCREVE HEBREUS relata no capítulo 6 que devemos ter uma âncora em nossa alma. Âncora é o instrumento que não permite que a embarcação seja tragada pelo mar, mantendo-a segura na margem ou no porto. Daí a expressão "porto seguro". Só pode haver um porto seguro quando o barco tem âncora.

Nossa alma só está segura quando tem âncora. Veja o que o apóstolo escreveu:

> Temos essa esperança como âncora da alma, firme e segura, a qual adentra o santuário interior, por trás do véu, onde Jesus, que nos precedeu, entrou em nosso lugar, tornando-se sumo sacerdote para sempre, segundo a ordem de Melquisedeque (6.19,20).

A âncora que mantém a nossa alma "firme e segura" e nos garante adentrar, além do véu, o santuário do relacionamento com Deus é a *esperança* por ele proposta.

Pois, segundo os versículos anteriores, "Deus o confirmou com juramento", "querendo mostrar de forma bem clara" o que o autor chama de "natureza imutável do seu propósito" para conosco, "por meio de duas coisas imutáveis nas quais é impossível que Deus minta" (cf. v. 17,18).

Coisas imutáveis. Coisas que não mudam. Ele quer nos mostrar que suas promessas não mudam! Deus não mente sobre isso. O que ele promete, cumpre! E vai além. Seu juramento para o cumprimento da promessa também não muda.

Duas coisas imutáveis.

A "ordem de Melquisedeque" é uma referência ao rei de Salém, descrito em Gênesis, que ofereceu pão e vinho a Abraão e dele recebeu o dízimo. A nossa alma está integrada a esse sistema, ou ordem, do qual Cristo Jesus é o sumo sacerdote para sempre.

Deus não muda. Jesus não muda. A ordem de Melquisedeque, o rei da paz, não muda!

E quem se ancora nisso, não será tragado para a destruição; ficará "firme e seguro" e terá "pleno acesso" (termo no original) ao "santuário interior". Terá acesso ao relacionamento com ele.

Por outro lado, quem não está ancorado na imutalidade de Deus, de suas promessas, de seu juramento e de sua ordem (que serve "pão e vinho" e recebe "dízimos" — igreja), está sujeito à destruição, a ser tragado pelo mar revolto depois de açoitado pelas tempestades.

Não perca as suas âncoras morais. Suas âncoras da alma. Ninguém sobrevive sem âncoras na alma.

Sem âncoras, ficamos à deriva, quais cegos indo em direção ao desconhecido. Com rochas no caminho. Monstros marinhos. Piratas sorrateiros. Cuidado!

"[...] sejamos firmemente encorajados, nós, que nos refugiamos nele para tomar posse da esperança a nós proposta." (v. 18)

A majestade do Espírito de Cristo se apresenta em cada parte da epístola.
– João Calvino,
em referência à carta de 2Pedro

2Pedro

Por meio do conhecer

VOCÊ JÁ VIU UM CACHORRO comer o próprio vômito? Não é uma cena bonita; pelo contrário, é feio, nojento e repugnante. No entanto, Pedro usa esse exemplo para ilustrar um tipo de pessoa:

> Se, tendo escapado das contaminações do mundo por meio do conhecimento de nosso Senhor e Salvador Jesus Cristo, encontram-se novamente nelas enredados e por elas dominados, estão em pior estado do que no princípio. Teria sido melhor que não tivessem conhecido o caminho da justiça, do que, depois de o terem conhecido, voltarem as costas para o santo mandamento que lhes foi transmitido. Confirma-se neles que é verdadeiro o provérbio: "O cão volta ao seu vômito" e ainda: "A porca lavada volta a revolver-se na lama" (2Pedro 2.20-23).

Ao escaparmos das contaminações do mundo, ou seja, da influência do mundo, isso ocorre por meio da conversão a Cristo Jesus, pois, aquele que de fato um dia se converteu, conheceu a Jesus.

Daí a expressão de Pedro. Na *Almeida Revista e Atualizada*, a expressão usada é "mediante o conhecimento". Aqui, na *Nova Versão Internacional*, "por meio". Ao conhecermos Jesus de verdade, somos transformados por sua ação na nossa vida.

Ao conhecermos Jesus de fato, experimentamos seu amor, seu perdão, sua graça, seu poder, sua salvação, sua redenção. Ou como as palavras de Pedro, em sua primeira carta, "ele nos regenerou" (1Pedro 1.3).

Regeneração, entre outros significados, "é a capacidade dos tecidos, órgãos ou mesmo organismos se renovarem, ou, ainda, de se recomporem, após danos físicos consideráveis".[1]

[1] <https://pt.wikipedia.org/wiki/Regeneração(biologia)>.

Os homens foram criados com o propósito de servir e adorar a Deus, predestinados para serem segundo a vontade de seu Criador. Todavia, o pecado causou "danos físicos", emocionais e espirituais consideráveis no propósito e na vida do homem. Então, Jesus veio e nos regenerou. Paulo fala sobre isso na carta a Tito, seu filho na fé.

> Houve tempo em que nós também éramos insensatos e desobedientes, vivíamos enganados e escravizados por toda espécie de paixões e prazeres. Vivíamos na maldade e na inveja, sendo detestáveis e odiando uns aos outros. Mas, quando, da parte de Deus, nosso Salvador, se manifestaram a bondade e o amor pelos homens, não por causa de atos de justiça por nós praticados, mas devido à sua misericórdia, ele nos salvou pelo lavar regenerador e renovador do Espírito Santo. (Tito 3.3-5)

Desse modo, fomos regenerados quando passamos a ser filhos de Deus. Por meio de Jesus, nascemos de novo!

Alguns, porém, resolvem abandonar o Caminho. Pedro diz que esses "encontram-se novamente nelas enredados e por elas dominados". Ou seja, enredam-se pelo caminho do pecado, são dominados pelo pecado, tendo um pior estado que o primeiro. Ninguém, que de fato se desvia do Caminho, volta ao ponto em que parou no pecado. A pessoa não simplesmente volta apenas a pecar. Seu estado se torna muito pior do que o original. O próprio Senhor Jesus fez uma advertência a esse respeito. No evangelho de Mateus,

Jesus severamente ensina:

> "Quando um espírito imundo sai de um homem, passa por lugares áridos procurando descanso. Como não o encontra, diz: 'Voltarei para a casa de onde saí'. Chegando, encontra a casa desocupada, varrida e em ordem. Então vai e traz consigo outros sete espíritos piores do que ele, e, entrando, passam a viver ali. E

> o estado final daquele homem torna-se pior do que o primeiro. Assim acontecerá a esta geração perversa" (Mateus 12.43-45).

Quando somos libertos do mundo, somos libertos do que há no mundo e de suas influências, inclusive de ações de demônios. Mas, quando voltamos ao mundo e a viver sob sua influência, atraímos os demônios que antes nos influenciavam e estes, ao encontrarem a nossa vida "arrumada", atraem companheiros muito piores do que eles. "[...] E o estado final daquele homem torna-se pior do que o primeiro [...]".

Pedro diz: "Teria sido melhor que não tivessem conhecido o caminho da justiça, do que, depois de o terem conhecido, voltarem as costas para o santo mandamento que lhes foi transmitido" (2Pedro 2.21). Pedro não estava brincando, porque ele sabia que com coisas espirituais não se brinca.

Outra comparação que o apóstolo faz é com "a porca lavada [que] volta a revolver-se na lama" (v. 23).

Não crio porcos, mas sei do trabalho que eles dão a seus criadores para se manterem limpos. A natureza do porco quer sempre voltar à lama. Seu caráter quer a sujeira, o que cheira mal, o que é infame. É preciso mudar a natureza do porco, senão ele volta para a lama. A natureza pecaminosa só é transformada pelo Espírito Santo e seu "lavar regenerador". Permitir que ele atue em nós não é apenas necessário; é fundamental!

É tempo de arrependimento!

Apocalipse foi escrito para que o homem
possa entrar na cidade de Deus
– G. R. Beasley-Murray

Apocalipse

Quando coisas ruins acontecem

COISAS RUINS ACONTECEM COM PESSOAS boas. Coisas boas acontecem com pessoas ruins. Coisas ruins acontecem com pessoas ruins. Coisas boas acontecem com pessoas boas. A verdade é que, como humanos, estamos sujeitos ao ambiente humano. E neste corpo e matéria estamos sujeitos às intempéries desta matéria. O Espírito Santo ordenou à igreja de Sardes, em Apocalipse 3, que se preparasse, vigiando em todo momento, inclusive para o julgamento final:

> "Lembre-se, portanto, do que você recebeu e ouviu; obedeça e arrependa-se. Mas, se você não estiver atento, virei como um ladrão e você não saberá a que hora virei contra você" (3.3).

Nunca se sabe como e quando "um ladrão" pode nos atacar, por isso devemos estar vigilantes. Ele nos dá dicas preciosas. Leia novamente:

> "Lembre-se, portanto, do que você recebeu e ouviu; obedeça e arrependa-se. Mas, se você não estiver atento, virei como um ladrão e você não saberá a que hora virei contra você".

1. Lembre-se, portanto, do que você recebeu e ouviu.

Sempre mantenha em sua memória aquilo que você aprendeu e recebeu de Deus. Os estudos recebidos, as orações, os aconselhamentos, os momentos de "filosofia teológica", de mentoria.

Pois, no dia da angústia, podem e devem fazer diferença. São esses alimentos que fortalecem a nossa fé quando necessário.

2. Obedeça.

Mas tenha a certeza de que esses ensinamentos recebidos não foram apenas para serem "acessados" no nosso *hardware* da fé quando necessário. Deus nos dá preceitos e ensinos para que sejam obedecidos.

3. Arrependa-se.

Arrependimento. O caminho quando está mal feito, quebrado ou destruído precisa ser refeito e consertado. O genuíno, verdadeiro e completo arrependimento é o único caminho para o conserto. Quem tem ouvidos, ouça o que o Espírito diz à Igreja.

Pelo sangue de Jesus

NA REVELAÇÃO REGISTRADA EM APOCALIPSE 12, encontramos ensinamentos poderosos para as nossas vidas. Nos versículos 10-12, temos a descrição do dragão e de seus anjos ao serem expulsos do céu, uma figura de Satanás.

O livro de Apocalipse é cheio de revelações e simbologias; também é esclarecedor quanto a acontecimentos anteriores. Logo depois que o Diabo e seus anjos foram expulsos do céu, "foi lançado fora" (v. 9), o apóstolo João ouve:

> [...] uma forte voz dos céus, que dizia: "Agora, veio a salvação, o poder e o Reino do nosso Deus, e a autoridade do seu Cristo, pois foi lançado fora o acusador dos nossos irmãos, que os acusa diante do nosso Deus, dia e noite. Eles o venceram pelo sangue do Cordeiro e pela palavra do testemunho que deram; diante da morte, não amaram a própria vida" (v. 10,11).

A vitória sobre Satanás e seus demônios vem pelo sangue de Jesus. Não é por força, intelecto ou conhecimento; é somente pelo poder do sangue do Cordeiro, do sacrifício derramado, da graça enviada de Cristo a nós.

Foi pago um alto preço pelo Cordeiro de Deus para que todos que nele creem sejam chamados herdeiros desse poder em Deus. Um preço de obediência e morte, de sangue e ressurreição. E mais: "[...] pela palavra do testemunho que deram; diante da morte, não amaram a própria vida". Testemunho? Sim, testemunho de vida que damos; testemunho de rejeitar a própria vida diante da morte por Cristo Jesus e seu Reino.

Ser discípulo de Jesus é negar a si mesmo. Ser discípulo de Jesus é amá-lo mais do que à própria vida. Ser discípulo de Jesus é tomar sua cruz, dia após dia, e morrer nela para que ele viva por meio de você. O sangue de Cristo Jesus derramado nos dá autoridade sobrenatural sobre Satanás e seus demônios. Seu testemunho nos dá força para reivindicar essa autoridade.

"Portanto, celebrem-no, ó céus, e os que neles habitam! [...]". (v. 12)

Agradecimentos

TODOS OS PROJETOS SOMENTE SE tornam realidade quando há pessoas dispostas a fazê-los acontecer. Este livro de estudos bíblicos não é diferente. Como tenho muitas atividades eclesiásticas que se unem ao serviço público, dependi dessas pessoas ainda mais.

Provavelmente vou me esquecer de alguns merecedores, e a eles antecipo o meu pedido de desculpas e a minha oração para que o Deus que tudo vê e retribui compense sua dedicação.

Agradeço a todos em nome de um seleto grupo que ajudou na confecção deste trabalho.

Agradeço à Editora Vida, por acreditar neste projeto e a abençoo em nome do nosso Senhor. Vocês estão me abençoando de uma forma que jamais imaginei.

De uma forma muito especial agradeço, ao meu amigo querido Tiago Brunet, instrumento que Deus tem usado para tocar vidas no Brasil e no mundo afora, que, além de ser uma bênção na minha vida, abriu as portas dessa editora para que este sonho se realizasse. Tiago, a sua vida é um exemplo e quero ser igual a você!

Agradeço ao grupo de discípulos e filhos na fé que há certo tempo andam comigo buscando a Deus juntos, aprendendo comigo e me ensinando também. Tudo começou com os estudos que eu escrevia para vocês e compartilhava. Obrigado a todos de coração.

Agradeço também às jornalistas Giulliana Di Francescantonio, Michelle Dantas e Priscyla Ávila, que voluntariamente revisaram cada texto, corrigindo os inúmeros erros ortográficos.

Agradeço também aos pastores Breno Cardoso, Daniel Henrique Piretti e Norberto Neto, pelo apoio imensurável, pois também ajudaram na revisão do texto de forma voluntária e desprendida.

Um agradecimento especial a Jessica Watanabe, minha secretária que tão bem organizou essa equipe. E um especial agradecimento mais do que merecido ao meu primeiro discípulo, grande amigo e irmão chegado que a vida me deu, Daniel Lima, por mais uma vez apostar e ajudar nas minhas loucuras espirituais. Este livro, você sabe, é fruto de muita filosofia cristã da minha parte, cujo primeiro ouvinte geralmente foi você.

Agradeço a todo o ministério Atitude, da Igreja Fonte da Vida, que fundei e coordenei por praticamente vinte anos. Os próximos vinte serão muito melhores do que os primeiros; não tenho dúvida disso. Estendo o meu agradecimento a toda a Igreja Fonte da Vida e a seus líderes, da qual tenho a honra de fazer parte.

Agradeço aos meus amigos e exemplos ministeriais, Antônio Cirilo (cara, você sabe tocar o céu e trazê-lo à terra), Nelson Júnior (você resolveu ser diferente para levar uma geração inteira a ser diferente), e Davi Lago (sua motivação em conhecer e aprender deve ser exemplo para todos), por gentilmente colaborarem com este livro. Foi muito especial da parte de vocês, algo que muito me honrou e jamais me esquecerei. Amo vocês!

Não posso deixar de agradecer aos meus pais espirituais e naturais, líderes e mentores que sempre me ensinaram e continuam ensinando, não só nas pregações ou exortações, mas, sobretudo no exemplo de vida: o meu pai, César, e a minha mãezinha Rúbia. Os meus maiores intercessores, o meu porto seguro.

À minha querida esposa, conselheira amorosa, fiel intercessora e companheira de batalhas. Você, que tinha tudo para ter tudo, escolheu a mim e apostou em mim. Amo você, Priscila, e agradeço por me ajudar nos textos, por buscar tempo que não tem para ler e opinar. E como opinou! Mas sempre pensando em melhorar! Agradeço por me suportar... (risos). E, mesmo conhecendo os meus defeitos, por continuar me amando.

Estêvão e Amanda, meus queridos filhos, devo sempre agradecer a vocês. Vocês me dividem com tanta gente. Mesmo sendo ainda tão novos, entendem que o papai tem uma missão para com a Igreja, para com a sociedade e sobretudo para com Deus. Que o Papai do céu cuide sempre de vocês, pois acima de tudo vocês são filhos dele.

E ao Rei Eterno, Senhor de toda a glória, Jesus Cristo Salvador. O que oferecer a quem tem tudo? Tudo que tenho é teu. A minha escolha foi feita, por opção aceitei ser escravo para propagação do teu Reino. E agradeço a ti por esse privilégio!

Soli a Deo gloria.

Bibliografia

CALVINO, João. **Hebreus**. Série Comentários Bíblicos. São José dos Campos: Fiel, [s.d.].

MEARS, Henrietta. **Estudo panorâmico da Bíblia**. São Paulo: Vida, 2006. 720p.

RADMACHER, Earl D. et al. **O novo comentário bíblico**

RYKEN, Leland et al. **Manual bíblico Ryken:** um guia para o entendimento da Bíblia. Rio de Janeiro: Central Gospel, 2018.

UNGER, Merrill Frederick. **Manual bíblico Unger**. São Paulo: Vida Nova, 2006. 744p.

WIERSBE, Warren W. **Comentários bíblicos expositivos**. Rio de Janeiro: Central Gospel, [s.d.].

Esta obra foi composta em *Minion Pro*
e impressa por Gráfica BMF sobre papel
Offset 63 g/m^2 para Editora Vida.